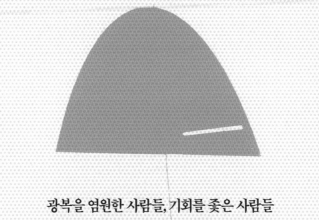

광복을 염원한 사람들, 기회를 좇은 사람들

일제강점기
그들의 다른 선택

이 도서의 국립중앙도서관 출판예정도서목록(CIP)은 서지정보유통지원시스템 홈페이지(http://seoji.nl.go.kr)와
국가자료공동목록시스템(http://www.nl.go.kr/kolisnet)에서 이용하실 수 있습니다. (CIP제어번호 : CIP2016014240)

일제강점기
그들의 다른 선택

차례

3. 인간의 길, 여자의 길

4. 무명시인과 베스트셀러 저자

7. 독립군과 토벌대, 그 선택과 역사

머리말

앞선 이들의 자취를 보며 내 길을 가늠하기

〈일제강점기, 그들의 다른 선택〉을 기획한 동기는 단순합니다. 항일투사와 함께 친일파의 삶을 말하는 청소년 책은 없으며, 이런 책도 있어야 한다고 생각했습니다.(청소년 책이란 청소년부터 읽는 책입니다.)

어린이, 청소년을 위한 애국지사의 삶 이야기는 꾸준히 출판되고 있습니다. 그러나 친일반민족행위자의 삶은 따로 말해지지 않으며 출판은 더욱 되지 않습니다. 픽션은 허용하면서 실존 인물의 어두운 행적을 사실대로 드러내는 일은 왜 꺼리고 금기시할까요? 여러 이유가 있겠지만 큰 원인 중 하나는 과거 완료형이 아니라 현재형 문제이기 때문일 겁니다. 한국사 교과서 국정화를 둘러싼 갈등과 대립에서 볼 수 있듯이 말이지요.

그러나 일제강점기는 오늘날의 한국사회와 한국인에 대해 많은 것을 말해주는 중요한 시공간입니다. 그 시기 양 극단에 있었던 이들이 항일투사와 친일반민족행위자인데, 한쪽 측면만 끊임없이 조명하기보다 양쪽을 함께 살필 때 당연히 더 많은 것을 알 수 있겠지요.

그들은 왜 동시대를 살면서 양 극단의 길을 걸었을까요? 환경이나 교육 탓이었을까요, 천성과 기질의 영향이었을까요. 어떤 요소가 삶의 방향성을 만들었으며, 의지는 어떻게 운명을 견인했을까요? 강대국의 식민지라는 특수한 환경은 인간의 긍정, 부정적 가능성을 한껏 확장하고 실현하게 하였기에, 이 시기 두드러진 활동을 한 인물들의 행적을 나란히 살펴보는 것만으로 픽션이 줄 수 없는 무언가를 얻을 수 있을 터입니다.

기성세대가 다들 그랬지만 필자도 학창시절에 역사 교육을 제대로 받지 못했습니다. 내 삶과 관계없는 이름과 연대기를 왜 외워야 하는지 알 수 없었기에 수업시간은 따분하고 지루하기만 했습니다. 근현대사는 더욱 배울 기회가 없었고, 공산당이 그러하듯 친일파도 적개심을 일으키는 모호한 악이었을 뿐이었습니다. 주입된 선입견에서 벗어나 나 자신의 눈으로 역사를 바라보게 되기까지 아주 긴 시간이 걸렸습니다.

그래서 요즘 학생들은 역사가 자신의 삶과 동떨어져 있지 않다는 것을 더 빨리 알았으면 좋겠다는 생각을 했습니다. 다행히 다양한 역사서가 나와 있어서 교과서에서 배운 지식을 얼마든지 확장하고 심화할 수 있는 시대가 되었습니다. 그러나 청소년을 먼저 염두에 두고 쓴 책은 여전히 부족하기에 어린이청소년문학 작가로서 용기를 내어 이 책을 썼습니다.

항일투사도 매국노도 역사책에 존재하는 추상적 인물이 아니라 우리와 다르지 않은 사람임을 알고, 동시대를 살아도 세계관과 의지에 따라 삶과 죽음과 그 이후가 어떻게 달라지는지 다양한 사례를 살펴보는 경험은 독자의 가치관과 비전 형성에 도움이 되리라 생각합니다. 또 교과서에서 배운 지식이 책 속 인물들의 일상에 육화된 역사적 배경 및 사건들과 자연스레 맞닿으면서 한층 생생하고 풍성해질 것으로 기대합니다.

기획의도와 달리 집필 과정은 쉽지 않았습니다. 수많은 인물 가운데 분야별로 공통점이나 유사성이 있는 열네 명을 선정하고 한 명 한 명 삶의 기록을 수집하고 정리하는 데만 오랜 시간이 걸렸습니다. 유족이나 기념사업회의 자료 및 평전과 논문, 신문과 잡지기사 등 각종 경로와 매체를 통해 모은 자료들은 교차 비교하며 정확한 서술을 하려 노력했고 과장과 왜곡은 배제하려 애썼습니다.

친일반민족행위자 관련 자료는 한정적인 데다 조심스러운 점도 많았는데 임종국 선생님을 비롯하여 이 분야 연구자들의 저서와 선행 연구가 밑바탕이 되었습니다. 특히 상담에 응하고 조언을 주신 김삼웅, 정운현 선생님 덕분에 큰 힘을 얻을 수 있었습니다. 고맙습니다. 김효순 선생님을 비롯하여 자료 공유를 기꺼이 허락해주신 분들께도 깊이 감사드립니다.

일제강점기 관련 전공자가 아니다보니 이 시기 책을 새로 찾아 읽어가며 좀 더 쉽게 소화하여 쓰느라 나름대로 노력을 했으나 여전히 부족한 점이 많습니다. 누구라도 책을 읽고 의견과 지적을 주시면 기회 되는 대로 보완을 거듭하겠습니다.

이 책을 집필하느라 이 년 동안 다른 글을 쓸 수 없었지만, 있어야 한다고 생각했던 책을 쓰고 완성하여 내놓을 수 있어서 보람됩니다. 특히 드물게 맑고 알찬 언론인 경남도민일보의 출판사 피플파워에서 출간하게 되어 여러모로 멋진 일이라고 생각합니다.

〈일제강점기, 그들의 다른 선택〉이 세상에서 제 역할을 다 한다면 글쓴이로서 더 바랄 나위가 없겠습니다.

선안나

1

일제강점 후 여섯 형제가 만주로 떠나 독립군을 양성했던 이회영의 가문과
일본귀족 6명이 나온 을사오적 이근택의 집안.
두 사람이 선택한 삶을 통해 진정한 명문가의 의미와 조건을 생각해 봅니다.

명문가는 어떻게 만들어지나

이회영
항일 투쟁의 외길을 살다

이근택
나라를 팔아 개인의 영화를 사다

이회영

항일 투쟁의 외길을 살다

일찍 나타난 선각자의 면모

우당 이회영은 1867년 이조판서 이유승의 여섯 아들 중 넷째로 태어났습니다.

"판서댁 도련님들은 어찌 저리 사이가 좋을까?"

"항상 봐도 집안에 봄바람이 부는 것 같아."

형제들은 우애가 좋기로 장안에 이름이 높았습니다.

이회영의 집안은 세칭 삼한갑족*으로, 대를 이어 열 명의 재상이 배출된 명문가였습니다. 이회영은 여섯 살 무렵 글공부를 시작했고 시문과 서예, 음악과 회화, 전각 등 예술적 기량도 높은 수준으로 연마했습니다.

*삼한갑족(三韓甲族) 신라, 고려, 조선 3조에 걸쳐 대대로 문벌이 높은 집안

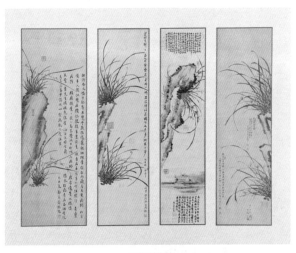

우당의 묵란

그런데 구한말^{조선 말기에서 대한제국까지의 시기} 국내외 정세는 몹시 혼란스러웠습니다. 서구 제국주의가 이권을 뺏기 위해 항구 개방을 강요했고, 먼저 근대화한 일본은 호시탐탐 조선 침략 기회를 노리고 있었습니다.

"이런 시대에 한학만 해서 될 일이 아닙니다. 저도 신학문을 배우겠습니다."

이회영은 열아홉 살에 이렇게 선언하고 신학문을 공부하기 시작했습니다. 이때까지만 해도 양반가 자제들은 과거시험을 준비하여 벼슬길로 나아가는 것을 당연하게 생각했는데, 그는 일찍부터 개혁적 성향을 보였습니다.

"사람은 모두 평등한데 양반, 상놈이 어디 있겠소."

이회영은 아전과 노비에게도 높임말을 하였으며, 노비문서를 없애 평민 신분으로 살도록 해주었습니다. 시집간 여성이 다시 결혼할 수 없다는 재가 금지 풍습에도 반대하여, 과부가 된 누이동생을 재혼시키기도 했습니다.

"양반가에 개화꾼이 났구먼."

뒤에서 조롱하는 이들도 있었지만 이회영은 개의치 않고 옳다고 믿는 바를 실천했습니다.

그러던 중 일본의 사주로 을미사변*이 일어났고, 강제단발령을 내려 상투까지 자르게 하자 반일감정이 극도로 높아져 전국에서 의병이 일어났습니다.

'일본은 조만간 우리나라를 삼키고 말 것이야. 그때 선국에서 의병들이 봉기할 텐데 일본군과 전투를 하려면 자금을 미리 만들어야 해.'

이회영은 앞날을 미리 내다보고, 개성 인근의 선산에 인삼 씨앗을 뿌렸습니다. 청나라와 일본이 조선의 상권을 온통 장악해가고 있었지만 인삼은 모두 탐내는 품목이기에 자금 조성에 그만이었기 때문입니다.

*을미사변
1895년 8월 20일(양력 10월 8일) 새벽 일본의 깡패, 군인들이 명성황후를 살해한 사건

한 번의 젊은 나이를 어찌할까

*독립신문
1896년 4월 7일 서
재필에 의해 창간됨.
한국 최초의 민간 신
문으로 등록문화재
제506호

그 무렵 독립신문*이 창간되었습니다. 신문에 실
린 사설을 읽고 이회영이 쓴 '소년 30세 시少年卅歲詩'는
그가 무슨 생각을 하고 있었는지 생생히 보여줍니
다.

'風雲人世多 (세상에 풍운은 많이 일고)

日月擲人急 (해와 달은 급하게 사람을 몰아붙이는데)

如何一少年 (이 한 번의 젊은 나이를 어찌할 것인가)

忽忽已三十 (어느새 벌써 서른 살이 되었으니)'

'한 번의 젊은 나이를 어찌할 것인가'는 청년 이회영이 이런
시대에 과연 어떤 일을 하며 살아야 할지 스스로에게 물었던
절실한 물음이었습니다.

몇 년이 지나 인삼이 굵어져 수확할 때가 되었는데, 누군가
노략질을 해가고 밭을 엉망으로 만들어 놓았습니다. 이회영이
조사해보니 근처 일본인의 소행이었는데, 이 자가 조선인을 만
만히 여겨 적반하장 격으로 되레 큰소리를 쳤습니다.

"네 이놈! 도적질을 하고도 부끄러운 줄 모르다니, 네놈들이
달리 왜놈 소리를 듣는 줄 아느냐?"

우당 사진

이회영은 일본인을 크게 혼내고, 법정에서 재판을 하여 이 겼습니다. 이 소문은 널리 퍼져 고종 임금의 귀에까지 들어갔습니다.

"과연 백사 이항복의 후손답구나!"

왕비를 비명에 잃은 후 일본에 맺힌 것이 많았던 고종은 이회영을 불러 벼슬을 주고자 했습니다. 그러나 벼슬에 생각이 없고, 자유로이 움직이며 일본의 침략에 대응하고자 했던 이회영은 정중히 사양했습니다.

일제는 러일전쟁을 일으켜 서울에 군대를 주둔시킨 뒤, 대한제국*을 식민지로 삼기 위해 불평등 조약에 서명하라고 강요했습니다.

"무슨 일이 있어도 조약 체결을 막아야 하네. 자네는 한규설 대감과 상의해서 궁 안에서 막아주게. 나는 궁 밖에서 백방으로 노력하겠네."

이회영은 참찬 벼슬을 하고 있던 벗 이상설에게 당부하고, 자신은 조약 반대 여론을 조성하는 등 동분서주 뛰어다녔습니다.

그러나 이토 히로부미는 군대를 동원하여 궁궐을 포위한 채 왕과 대신들을 협박하여 을사늑약*을 성사시켰고, 대한제국은 주권을 잃고 말았습니다.

"국제법상 강박에 의한 조약은 무효입니다. 일본

이 어떻게 조선의 주권을 강탈했는지 만국평화회의*에서 알리고 호소합시다."

"좋은 생각입니다. 세계의 이목이 집중되면 함부로 조선을 침략하지는 못할 것입니다."

이회영과 동지들은 헤이그에서 열리는 만국평화회의에 고종의 특사를 파견할 계획을 세웠습니다. 일본의 감시를 피해 고종의 신임장을 몰래 받은 세 명의 특사가 파견되었습니다. 그러나 일본의 방해로 뜻을 이루지 못하자 원통함을 참지 못한 이준 특사는 죽음으로 항거했습니다. 이 사실이 널리 알려지자 국민들의 반일정서는 더욱 높아졌습니다.

일제는 고종이 국제사회에 자신들을 망신시켰다며 강제로 왕위에서 끌어내렸습니다. 그리고 순종을 그 자리에 앉혀 자신들의 뜻대로 조종하였습니다.

"국권을 회복하려면 지금부터라도 우리 스스로 힘을 길러야 합니다."

"정치뿐 아니라 교육, 문화, 경제 등 각 방면을 함께 진흥시켜야 해요."

이회영이 학감으로 있던 상동청년학원 교사들을 주축으로 독립운동 결사체 '신민회*'가 탄생된 것은 그 무렵이었습니다. 안창호, 신채호 등 독립지사들이 대거 참여하면서 신민회는 빠르게 성장하였고,

*만국평화회의
1907년 6월 15일부터 10월 18일까지 44개국이 참가하여 열렸던 국제회의

*신민회
1907년에 국내에서 만들어진 항일 비밀 결사체. 교육, 강연, 출판, 민족산업 진흥, 독립군 양성 등 다양한 활동을 했다. 1911년 일제가 조작한 105인 사건을 계기로 조직이 무너졌다.

회원들은 교육구국 운동을 힘차게 펼쳤습니다. 평양에 대성학교, 정주에 오산학교 등 전국 백 개에 가까운 학교를 세우고 교사를 파견하며 망해가는 나라에 새 기운을 불어넣었습니다.

만주로 망명하여 무장 독립군을 기르다

1907년 일제는 급기야 대한제국 군대까지 강제 해산시켜버렸습니다. 전국에서 의병이 일어났지만 무기도 조직도 허술하기만 했습니다.

신민회에서는 해외에 독립군 기지를 만들고 현대식 무장독립군을 길러낼 계획을 세웠습니다. 1910년 여름 이회영이 상인으로 꾸민 채 보름 동안 만주 서간도지역을 답사하며 후보지를 물색하였는데, 국내로 돌아와 보니 그새 한일합병조약*이 이루어져 조국은 식민지로 변해 있었습니다.

이회영은 형제들에게 함께 만주로 떠나자고 제안했습니다.

"왜적 치하에서 구차히 생명을 도모하지 말고, 만주로 가서 독립군들을 길러냅시다. 이것이 왜족에 대항했던 백사 이항복의 후손된 도리일 것입니다."

*한일합병조약
1910년 일본 제국주의가 대한제국을 완전한 식민지로 만들기 위해 강제로 체결한 조약

우당 여섯 형제 망명 논의

　여섯 형제는 논의 끝에 모두 뜻을 모았습니다. 일제가 눈치
채지 못 하도록 비밀리에 신변을 정리하다보니 집과 땅을 싸
게 처분해야 했지만 어쩔 수 없는 일이었습니다.

　그해 12월에 이회영의 형제들과 가솔 사십여 명은 남몰래
조선을 떠났습니다. 국경을 넘어 눈보라 속으로 마차를 타고
끝없이 달린 끝에 횡도촌에 도착했습니다. 석주 이상룡, 일송
김동삼 등 안동의 유학자 일가들도 그곳에 속속 합류해 왔습
니다. "독립운동은 상놈들이나 하는 짓"이라고 선전해왔던 일
제는 조선 명문가들이 대거 독립운동에 참여하자 할 말을 잃
게 되었습니다.

신흥무관학교, 백서농장

목적지인 삼원보에 도착했으나 중국인들이 경계하여 땅을 팔지 않는 바람에 고생고생을 하다가, 좀 떨어진 통화현 합니하의 땅을 구입하게 되었습니다.

"외지고 험한 곳이지만 군사 학교로는 천혜의 지형입니다."

"땅을 개간하고 가축을 기르면 식량은 자급자족할 수 있을 테지요."

이회영과 동지들은 '낮에 농사를 짓고 밤에 공부를 한다'는 뜻의 '경학사'를 조직하고, '신흥무관학교*'를 열어 무장 독립군을 길러내기 시작했습니다.

이회영 일가가 망명하며 가져온 자금은 40만 원으로 요즘 시세로 600억이 훨씬 넘는 거금이었으나

*신흥무관학교
1919년 5월 3일 만주에 설립되었던 독립군 양성학교

일 년이 지나자 동이 나고 말았습니다. 원래 국내의 신민회로부터 자금을 조달받아 신흥무관학교를 짓고 운영할 계획이었는데, 일제가 105인 사건을 조작하여 신민회 간부들을 체포하고 조직을 해체시켰습니다. 그 바람에 이회영 일가는 가진 재산을 다 털어 넣었고, 엎친 데 엎친 격으로 이듬해 심한 기근까지 들어 군량미 마련에 온갖 고생을 해야 했습니다.

그러나 혹독한 추위와 배고픔도 신흥무관학교 교사와 생도들의 열정과 투지를 막지는 못했습니다. 신흥무관학교는 이후 십 년 동안 3,500여 명의 전사를 길러냈으며 이들은 항일 무장투쟁의 선두에서 활약했습니다. 청산리전투를 이끈 것은 물

론이고 의열단, 광복군, 조선의용대도 신흥무관학교 졸업생이
주축을 이루었습니다.

곤고한 삶 속에서 더욱 빛난 항일투쟁

그러던 어느 날 일제가 이회영, 이동녕 등 다섯 사람을 사
살 또는 체포하려고 형사대를 급파했다는 정보가 들어왔습니
다.

"이상설 동지가 블라디보스토크에 있으니 그쪽으로 당분간
피합시다."

다른 사람들의 생각은 같았으나 이회영은 혼자 서울에 들어
가는 쪽을 택했습니다. 독립군을 계속 키우려면 자금 마련이
절실했기에, 서울에 가서 뜻있는 이들의 후원을 얻어 볼 생각
이었습니다.

그런데 8년 만에 귀국을 하니 일제의 착취로 조선인들의 삶
은 더 피폐해져 있었고, 특히 생각있는 사람들은 감시와 탄압
으로 곤궁해져 독립운동 자금 마련은 거의 불가능했습니다.
하지만 이회영은 실망하지 않고 동지들과 또 다른 계획을 세
웠습니다. 폐위 당해 덕수궁에 칩거하고 있는 고종을 중국으
로 탈출시켜 베이징에 망명정부를 세우고자 했던 것입니다.

"폐하께서 일제 침략의 부당함을 널리 선포하고 독립운동을 이끄시면, 조선인들이 모두 폐하를 중심으로 뭉칠 것입니다."

시종 이교영을 통해 은밀히 의사를 타진하자 고종은 기꺼이 승낙했습니다. 베이징에 고종이 거처할 행궁을 알아보는 등 일이 순조롭게 진행되고 있었는데 건강했던 고종이 갑자기 서거하고 말았습니다. 일제와 그 앞잡이가 독살하였다는 증언이 잇달았지만 진실은 알 수 없었습니다.

국내외 독립지사들은 고종의 장례식에 많은 군중이 모일 것을 예상하고 대규모 만세운동을 계획했습니다. 국장 당일은 불경하다는 의견이 있어 3월 1일로 거사일은 변경되었습니다. 이렇게 시작된 독립만세운동은 온 나라로 번지며 한 달 이상 계속되었는데, 이때 이회영은 거사 직전 해외 독립운동 세력을 결집시킬 겸 베이징으로 떠나 국내에 없었습니다. 독립을 위해 쉼 없이 행동했지만 어떤 자리에도 이름 올리기를 마다하고 계파도 만들지 않았던 이회영이었기에, 그의 활동은 오랫동안 알려지지 않았습니다.

베이징으로 간 이회영은 굶기를 밥 먹듯 하는 생활 속에서도 아나키스트 운동*을 전개했습니다. 신채호 같은 조선인들뿐 아니라 중국의 문호 노신, 대만 출신의 범본량 등도 함께 아나키스트 운동에 동참했습니다.

*아나키스트 운동
사람을 지배하는 모든 조직과 권력을 거부하고 개개인의 자유와 평등, 정의, 형제애를 실현하고자 하는 운동

이회영은 의열단을 후원하는 한편, 동지들과 신흥무관학교 출신을 모아 '신흥학우단'을 만들고 이들을 중심으로 한 행동 조직 '다물단'을 지도했습니다.

일제가 양성한 친일파와 밀정^{간첩}이 만주에 우글거렸기 때문에 독립운동가의 피해가 여간 크지 않았습니다. 이에 다물단은 악질 밀정의 목록을 작성하고, 총독부에서 고액 생활비를 받으며 밀정 노릇을 하던 김달하를 첫 번째로 처단했습니다.

만주의 친일파와 경찰은 발칵 뒤집혔습니다.

"놈들이 집안 상황을 정확히 알고 있었던 것으로 볼 때, 누군가 미리 정탐해서 알려준 게 분명하다."

경찰은 수소문 끝에 김달하의 딸과 같은 학교에 다녔던 이회영의 큰딸을 체포했습니다. 이회영은 미리 피신하였으나 가족들은 금족령^{외출을 금하는 명령}을 당해 굶주렸고, 두 살 된 막내아들과 두 손녀가 잇달아 병으로 죽는 참혹한 일도 벌어졌습니다.

사건이 잠잠해진 후 이회영이 집으로 돌아오자 이번에는 아내가 서울로 떠나게 되었습니다. 그녀는 임신한 몸으로 삯바느질하며 온갖 궂은일을 하여 마련한 돈을 생활비와 독립운동 자금으로 부쳐주었습니다.

궁핍한 생활 속에서도 이회영은 아시아 각국 아나키스트들과 '동방무정부주의자연맹'을 결성하여 기관지를 한·중·일어로 번역하여 각지에 배포하며 대일항쟁을 멈추지 않았습니다.

중국에서 받은 혁명열사증명서

그러나 일제의 탄압은 갈수록 거세졌고, 추진하던 일들은 무산되어 이회영과 동지들은 결국 상하이로 철수하게 되었습니다.

이곳에서 아나키스트들은 '남화한인연맹*'으로 조직을 개편하고, 한중일 아나키스트들로 이루어진 연합체 '항일구국연맹'을 결성했습니다. 그리고 두 단체를 결합한 행동대 '흑색공포단'을 만들어 무력투쟁을 하였습니다.

흑색공포단은 중국 국민당에서 노골적 친일 행위를 하던 외교부장 왕징웨이를 저격하고, 군수물자를 실은 일본 기선과

*남화한인연맹
1930년 중국 상하이에서 조직되었던 무정부주의운동단체

영사관 건물 일부를 파괴하는 등 일제의 간담을 서늘하게 했습니다. 장제스에게 만주를 포기하는 대가로 거금을 주고 밀약을 맺으려던 아리요시 공사를 암살하려다 단원들이 체포되고 말았지만, 양자 간의 밀약이 중국 신문에 크게 보도되면서 흑색공포단의 이름은 널리 알려졌습니다. 국가와 민족의 울타리를 뛰어넘어 제국주의에 목숨 걸고 투쟁한 이들의 활동은 여러 나라 국민들에게 깊은 울림을 주었습니다.

죽을 자리를 찾아 떠나다

이회영은 어느덧 환갑을 넘어섰습니다.

'내가 투쟁할 수 있는 시간도 이제 얼마 남지 않았다. 마지막으로 할 수 있는 일이 무엇일까?'

청년 이회영이 '한 번의 젊은 나이를 어떻게 살까'를 고민했다면, 노인 이회영은 '어디서 어떻게 죽을 것인가'를 고민했습니다. 그리고 마지막 투쟁의 자리로 만주를 선택했습니다.

"이제 만주는 너무 위험합니다. 말만 만주국이지 일제가 통치하는 나라 아닙니까."

가족과 동지들은 모두 만류했습니다.

"일제가 눈에 불을 켜고 독립군을 토벌하는 건 잘 알고 있

우당 이회영의 흉상

네. 하지만 만주에 우리 동포들이 얼마나 많이 살고 있나? 관동군 사령관 무토를 처단하고 항일전선을 펼 수 있다면, 중국 정부로서도 장차 만주를 조선인의 자치구로 인정할 수밖에 없을 것이네."

이회영의 뜻이 확고하여 자녀들도 더 이상 만류할 수가 없었습니다. 중국의 아나키스트 지도자 우즈후이와 리스청도 만주에서 이회영에게 자금과 무기를 지원하겠다고 약속했습니다.

이리하여 1932년 11월 초, 이회영은 상하이 황푸강 부두에서 배를 타고 다롄항으로 떠났습니다. 그런데 그 후 행적이 묘연하더니 11월 17일 서울에 있는 아내에게 난데없이 그의 사망을 알리는 전보가 뤼순감옥에서 날아왔습니다.

가까운 거리에 살고 있던 큰딸 규숙이 먼저 감옥으로 달려갔습니다. 간수는 이회영이 자살을 했다고 말했지만 피로 얼룩진 이회영의 시신에는 모진 고문의 흔적이 역력했습니다.

"우리가 시신을 직접 보게 해주시오."

이회영의 동지들과 신문기자가 달려와서 요구했으나 경찰은 딸 외에 누구에게도 참관을 허락하지 않았습니다. 뿐만 아니라 당장 화장하라고 어찌나 사납게 독촉을 하는지, 규숙은 견디지 못하고 결국 동의할 수밖에 없었습니다. 뼛가루가 되어 비로소 조국에 돌아온 이회영은 11월 28일 경기도 개풍군^{파주}

선영에 묻혔습니다.

"다롄에 도착하여 배에서 내리자마자 기다리고 있던 경찰이 끌고 갔소. 누군가 밀고한 게 분명하오."

이회영의 체포 장면을 목격한 사람이 있어서 동지들은 탐문 조사를 한 끝에 밀정을 찾아냈습니다. 그들로부터 자백을 받은 후 배후에서 조종한 친일파 이용노와 함께 처단했습니다. 이회영의 아들 이규창도 이 일에 가담한 벌로 13년 형을 받고 해방될 때까지 서대문형무소에서 복역했습니다.

전 재산과 생애를 바쳐 조국의 독립을 위해 싸우다 모진 고문을 당해 순국한 이회영. 함께 만주로 떠났던 다른 다섯 형제들도 이시영만 살아 돌아왔을 뿐 모두 어렵게 살다가 해방이 되기 전에 숨졌습니다. 가솔들이 겪어야 했던 고난과 고통 역시 헤아릴 수 없이 컸습니다.

하지만 나라와 사회 공동체를 살리기 위해 모든 것을 바쳐 헌신한 이들 덕분에 후손들은 정의롭고 깨끗한 민족정신을 유산으로 물려받을 수 있었습니다. 그리고 나라가 위기에 빠졌을 때 사회적·도덕적 책무를 다 했던 참된 명문가들이 있었다는 사실도 긍지와 희망을 줍니다.

정부는 1962년 이회영에게 건국훈장 독립장을 추서했고, 10년 뒤 그의 유해를 국립현충원 애국지사 묘역으로 모셨습니다.

이근택

나라를 팔아 개인의 영화를 사다

을사조약에 찬성한 날

1905년 11월 17일. 대궐에서 돌아온 군부대신 이근택은 홍분이 가시지 않은 얼굴로 집안 식구들을 불러 모았습니다.

"오늘 내가 다행히 죽음을 면했다. 백성을 위하여 보호조약에 찬성을 했다."

이근택이 말한 을사보호조약을사늑약은 사실상 일본의 한반도 침략을 승인하는 내용이었습니다. 일본 군대가 궁궐을 포위한 가운데, 이토 히로부미는 헌병대장과 수십 명의 헌병을 궁궐 안까지 데리고 들어가 찬성을 강요했습니다. 공포 분위기 속에서도 고종황제와 대신들은 승인을 계속 거부했는데, 이완용, 이근택 등 다섯 명의 대신이 협조함으로써 결국 조약이 체결되고 말았던 것입니다.

"일본의 신임을 얻고 큰 공을 세우게 되었으니, 우리 집안은 대를 이어 권세와 복록을 누리게 될 게야."

이근택의 말이 끝나기 무섭게 갑자기 부엌에서 요란한 소리가 났습니다. 음식을 만들고 있던 여종이 식칼로 도마를 힘껏 내려친 것입니다.

여종은 마당으로 뛰어나오며 외쳤습니다.

"이렇게 흉악한 역적 놈인 줄 모르고 내가 이 집 밥을 몇 해나 먹었구나. 이 치욕을 어찌 씻을꼬!"

"아니, 저것이 감히!"

"명색이 한 나라의 대신이 되어 나라가 위태로운데 어찌 제 살 길만 찾는 것이오? 내 비록 천한 몸이지만 개돼지의 종노릇은 못 하오. 차라리 옛 주인에게 돌아가겠소."

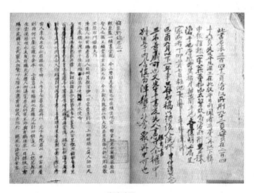

매천야록

이근택

*한규설
1848~1930
조선 후기의 무신.
을사조약 체결을 끝
까지 반대하다 파면
되었다. 그후 조선
교육회를 창립했다.

*매천야록
조선 말기 황현(黃
玹)이 1864년부터
1910년까지 47년간
의 역사를 편년체로
서술한 역사책. 6권
7책.

*을사오적
1905년 일제가 을사
조약을 강제 체결할
때, 조약에 찬성하여
서명한 조선의 다섯
대신

여종은 그길로 집을 뛰쳐나갔습니다. 그녀는 원래 참정대신 한규설*의 집 노비였는데 상전의 딸이 이근택의 며느리가 되면서 시집올 때 교전비혼례 때 신부가 데리고 가는 계집종로 따라왔던 사람이었습니다.

"나도 이런 집구석에서는 더 이상 못 산다."

심지어 이근택의 집에서 오래 살아왔던 침모남의 집에 딸려서 바느질을 맡아 하는 사람까지도 바느질감을 팽개치고 뒤따라 집을 나가버렸습니다.

황현이 쓴 '매천야록*'에 기록되어 있는 이근택과 여종의 일화는 을사오적*에 대한 당시 백성들의 민심을 생생히 보여줍니다.

그러나 이근택에게 일제는 더 큰 기회를 열어줄 또 다른 권력자였습니다. 힘 있는 자들에게 아첨하며 출세의 길로 달려온 것이 그의 인생 행로였는데, 그 권력의 주체가 바뀌었을 뿐이었지요.

물고기를 잡아 바치고 벼슬길로

이근택은 1865년 충북 충주의 무인 집안에서 태어났습니다. 그가 십대였을 때 임오군란*이 일어나 명성황후가 이웃 마을로 피난을 왔습니다. 민씨 일파^{명성황후의 친척}

*임오군란
1882년 구식군대가
일으킨 폭동

들가 만든 일본식 군대에 비해 차별을 받아왔던 구식 군대가, 참다 참다 폭발을 하는 바람에 궁궐에서 다급히 탈출해야 했던 것입니다.

'하늘이 내게 준 기회로다!'

이근택은 날마다 강에서 직접 물고기를 잡아 명성황후에게 바쳤습니다. 피난 생활 동안 하루도 빠짐없이 물고기를 잡아 오니 왕비가 기특히 여겨 말했습니다.

"내 너의 정성을 잊지 않으마."

이때 궁궐에서는 며느리 명성황후와 권력투쟁 중이던 대원군이 군인들을 달래고 임오군란을 수습했습니다. 명성황후는

명성왕후가 시해 당한 건청궁 옥호루

대원군을 물리치기 위해 청나라에 몰래 파병을 요청했습니다.

그렇지 않아도 일본이 조선에서 이권을 독차지 할까봐 우려
하던 청나라는, 이때다 하고 군대를 서울로 보내 주둔시키고
대원군을 잡아갔습니다. 그러자 일본도 지배권을
뺏길세라 주모자 처벌과 배상을 요구하여 제물포조
약*을 맺게 되었습니다. 외세에 도움을 청하는 바
람에 조선 땅에서 청나라와 일본의 영향력이 더욱
커져버린 것입니다.

*제물포조약
임오군란으로 발생
한 일본측 피해보상
문제를 다룬 조선과
일본 사이의 조약

어쨌든 궁궐로 되돌아가게 된 명성황후는 잊지
않고 이근택에게 남행선전관 벼슬을 주었습니다.

'이제 시작이다. 언젠가는 꼭 세상을 호령하는 자리에 오르

고 말 테다.'

이근택은 벅찬 가슴으로 주먹을 불끈 쥐었습니다.

이듬해 무과시험에 급제한 이근택은 이후 단천부사·충청
수사·전라절도사 등을 역임하며 꾸준히 승진했습니다. 그러
나 중앙 진출을 하지 못하여 늘 아쉬웠습니다.

'어떻게든 임금님 가까이 있어야 출세를 할 텐데……'

임오군란 이후 조선은 청·일 상인의 각축장으로 변해버렸습
니다. 외세의 경제 침략에 농민의 삶은 무너지고 있는데, 왕실
은 흥청망청 국가재정을 낭비하고 탐관오리들은 매관매직을
일삼으며 백성을 수탈했습니다.

그러다 고부군수 조병갑의 수탈과 횡포가 도화선이 되어 마
침내 동학농민전쟁이 일어났습니다. 명성황후는 이번에도 청
나라에 파병을 요청하여 삼천 명의 군사가 들어왔고, 텐진조
약*을 빌미로 일본은 두 배나 많은 병사를 조선에
보냈습니다.

*텐진조약
조선에 문제가 생기
면 일본과 청나라는
동시에 군대를 보낸
다는 조약

외세의 침략을 염려한 농민군이 관군과 싸움을
중단했지만 양국 군대는 물러가지 않았습니다. 청
일전쟁이 벌어졌고, 이 싸움에서 이긴 일본은 마음
놓고 조선의 내정을 간섭하기 시작했습니다.

무인 이근택은 이러한 어지러운 전쟁의 바람을 타고 꾸준히
승진을 거듭했습니다.

권력자에 아첨하며 승승장구

그런데 일본을 경계한 명성황후가 또 다른 열강 러시아를 끌어들이려 하자, 일본공사 미우라의 지휘 아래 자객과 훈련대가 그녀를 무참히 살해하는 을미사변이 일어났습니다.

"앞으로 왕성 수비를 더욱 강화하겠사옵니다."

두려워하는 고종을 위해 김홍집 내각은 친위대를 조직하였는데, 이근택은 이듬해 증강된 3대대 대대장을 맡게 되었습니다.

그런데 그해 고종이 러시아 공사관으로 몸을 피하는 아관파천*이 일어났습니다. 고종은 그곳에서 개혁적 친일파인 김홍집 내각을 해체시켰고, 조정에는 친러파 신하들이 득세하게 되었습니다.

시간이 흐르면서 왕이 덕수궁으로 되돌아와야 한다는 여론이 높아지면서, 고종을 러시아 공사관에서 모시고 나오려는 시도도 수차례 이루어졌습니다. 그때마다 친러파 신하들에게 적발되고 말았는데, 이근택도 이에 가담한 죄로 제주도 유배를 가게 되었습니다.

'임금님도 나를 미워하여 귀양 보낸 것이 아니니, 때가 되면 반드시 불러 주실 게야.'

*아관파천
명성황후가 시해된 을미사변 이후, 일본 군의 공격에 신변의 위협을 느낀 고종과 왕세자가 1896년부터 약 1년간 궁궐을 떠나 러시아 공관에 서 거처한 사건

이근택은 눈과 귀를 서울로 향한 채 석방의 때만 기다렸습니다.

그 무렵 독립협회가 조직되어 독립신문을 발행하고 계몽운동을 활발히 펼쳤습니다. 외세를 물리치고 자주독립국의 위상을 높이 세우라는 독립협회의 건의를 받아들여 고종은 일 년 만에 환궁하였고, 대한제국의 탄생을 선포하며 황제로 즉위했습니다.

군부대신이 된 민영기가 그동안 민씨 일파에 충성스러웠던 이근택을 즉시 서울로 불러올렸습니다.

"고생이 많았네. 앞으로 자네 도움이 많이 필요하네."

민영기를 비롯한 고종황제 측근들은 독립협회가 왕권을 위협한다고 생각했습니다. 그래서 보부상들을 중심으로 황국협회를 만들어 독립협회를 공격하게 하고 테러를 부추겼습니다. 두 단체의 대립이 격화되어 사상자까지 나오자, 이를 명분으로 군대를 투입해 독립협회를 완전히 진압하는 데 성공했습니다.

"자네의 공이 컸네."

이근택은 독립협회를 해산시킨 공로를 인정받아 한성부 판윤^{서울시장}에 임명되었습니다. 권력자가 원하는 바를 누구보다 먼저 헤아리고 충성스럽게 수행함으로써 그는 더 큰 출세의 길로 나아갔습니다.

이근택이 고종의 총애를 받게 된 계기도 따로 있었습니다.

일본 상점에 종종 들르곤 하던 그가 어느 날 비단으로 만든 띠 하나를 발견했는데, 화려한 수를 놓은 고급스런 모양새가 한눈에도 예사 사람의 것이 아니었습니다.

'군데군데 붉은 흔적은 핏자국이 아닌가? 돌아가신 명성황후의 허리띠가 틀림없구나!'

고종황제의 마음을 얻을 기회임을 본능적으로 알아차린 이근택은 거금 6만 냥을 주고 허리띠를 사서 바쳤습니다. 아니나 다를까 허리띠를 본 고종과 태자는 비명에 간 명성황후를 다시 만난 듯 반가워하며 눈시울을 적셨습니다.

이후 이근택은 신임을 받으며 경무사^{경무청의 가장 높은 벼슬}의 자리에 오른 것을 시작으로, 군사와 경찰 부문에서 자타가 공인하는 최고 실력자로 행세하며 승승장구 했습니다.

친러파에서 열렬한 친일파로 변신

이 무렵까지만 해도 이근택은 친일파가 아니라 친러파였습니다. 고종이 친러파인데다 이근택도 일본이 러시아의 상대는 못 된다고 생각했던 것입니다.

그런데 일본은 영국에 이어 미국과도 동맹을 맺는 등 나날이 세를 확장하였습니다.

만민공동회 종로집회

경운궁 대안문 앞에 집결한 보부상패.
고종황제와 수구파가 동원하여 만민공동회 시위를 습격했다.

'아무래도 일본의 움직임이 심상치 않은 걸.'

이근택은 이지용 등 궁궐의 친일파들과 어울리며 슬슬 가까이 지내기 시작했습니다. 과연 얼마 뒤 일본은 대한제국을 일본 군대의 병참기지로 한다는 내용의 한일의정서* 체결을 강요했습니다. 주한 일본공사 하야시 곤스케는 10만 엔을 들여와 매수공작에 나섰고, 친일파 외부대신 이지용에게 1만 엔을 주어 한일의정서 체결을 주도하게 했습니다.

*한일의정서
1904년 2월 23일 러시아와 전쟁을 일으킨 일본이 한국을 그들의 세력권에 넣으려고 공수동맹(攻守同盟)을 전제로 하여 체결한 외교문서

친일 성향이 있는 친러파 이근택에게는 매수공작과 협박을 병행했습니다. 이에 이근택은 이지용, 민영철과 함께 고종에게 한일의정서를 속히 체결해야 한다고 상소를 올리기에 이르렀습니다. 국가의 안보를 책임져야 할 자리에 있으면서 나라를 팔아 개인의 영화를 사는 길을 택한 것입니다.

고종은 조약을 체결하지 않으려 했지만 일본이 러일전쟁을 일으켜 군대를 서울로 보내는 바람에 어쩔 수 없이 응했습니다. 의정서 내용을 근거로 일제는 대한제국의 땅을 군용지로 마음대로 점령했고, 통신기관도 강제 접수했으며, 철도 부설권도 가져갔습니다.

그리고 다음 단계로 일본은 대한제국의 외교권을 박탈하는 한일협상조약을사늑약 체결을 강요했습니다.

'이제 일본의 세상이 되었구나!'

이근택은 친러파였던 것이 약점이 될까봐 이때부터 일본의 신임을 얻기 위해 더욱 노력했습니다. 조약 체결 직전 군부대신의 자리에 오른 그는, 일제로부터 30만 원의 기밀비를 받고 궁중과 정부의 기밀사항을 정탐하고 제보했습니다.

마침내 을사조약이 체결되었다는 소식이 전해지자, 나라 안은 분노와 통탄의 물결로 뒤덮였습니다.

"일본의 속국이 되다니, 어찌 이런 일이 있을 수 있단 말인가!"

조약을 승인한 을사오적에 대한 분노도 하늘을 찌를 듯 높아 암살 모의가 뒤따랐습니다. 평소 교활하고 악독하기로 소문나 있었던 이근택은 수차례 표적이 되었습니다. 특히 기산도* 등 결사대의 습격으로 십여 군데 칼에 찔린 채 한성병원으로 실려 간 이근택은, 근 한 달 동안 특실에서 치료를 받은 끝에 겨우 살아났습니다. 이 공로로 이근택의 주치의는 나중에 2등 태극장을 받았습니다.

*기산도
1878~1928 조선 말기의 의병. 을사조약이 강제 체결되자 결사대를 조직하였다. 이근택을 처단하려고 했으나 실패했다. 1963년 건국훈장 독립장이 추서되었다.

이 사건 이후 이근택은 일본의 더욱 두터운 신뢰를 받으며 승승장구 했습니다. 일제가 준 엄청난 뇌물로 이근택이 거부가 되었다는 것은 공공연한 비밀이었습니다.

을사조약 당시 경운궁 대안문 앞에서
경계 중인 일본군들

을사조약 체결 축하 기념촬영을 하는
이토 히로부미와 일본관료, 장성들

늘 그래왔듯 이근택은 권력의 핵심에 있는 인물들에 밀착하여 아부했습니다. 일본군 사령관 하세가와 요시지미와 의형제를 맺고 이토 히로부미와 관계를 맺어 그의 아들로 행세했습니다. 그는 평소에도 게다^{일본식 나막신}를 신고 일본 수레에 앉아 일본군의 호위를 받으며 일본인 행세를 하여 더욱 세인의 미움을 샀습니다.

일본 귀족이 6명인 가문

1910년 일본은 대한제국을 강제 병합한 뒤 친일 성향이거나 일본어를 잘하는 3분의 1정도를 제외한 관리 대부분을 쫓아냈습니다. 그 자리는 일본인들이 모두 차지했습니다.

반면에 강제 병합에 공로가 많은 조선인 76명에게는 일본 귀족 작위와 605만 엔의 은사금*을 하사했습니다. 물론 그들 전부가 일본의 달콤한 회유를 덥석 받아들인 것은 아니었고, 작위를 거부하거나 독립운동을 함으로써 작위를 박탈당한 사람도 있었습니다.

그러나 이근택은 거액의 합방 은사금을 받고 조선총독부 중추원 고문으로 취임한 것을 시작으로, 침략을 돕는 온갖 조직과 단체의 장을 맡으며 친일

*은사금
일제가 한일합병 이후 조선 사람들을 회유하기 위해 사용한 돈. 기록에 의하면 당시 일제가 푼 은사금은 현재 가치로 약 6000억 원 정도 된다.

의 선봉에 섰습니다. 동생 이근상과 형 이근호도 뒤지지 않는 친일 행위로 남작 작위와 은사금을 받아 삼형제 친일파로 이름을 떨쳤습니다.

나라를 잃은 후 떵떵거리며 살았던 이근택 형제의 집은 청계천을 중심으로 나란히 모여 있었는데, '오만석군'으로 불릴 정도로 부귀를 이루었습니다. 특히 이근택이 경리원 수조관을 각 도에 파견하여 받아들이는 뇌물이 당시 돈 백만 원을 헤아렸다고 전해집니다.

이들 삼형제를 비롯하여, 이근택의 다섯 형제를 세상 사람들은 '5귀(鬼)' 즉 다섯 귀신이라 불렀습니다. 삼형제가 나이 들어 사망한 뒤에는 아들이 각각 자작과 남작 작위를 물려받아, 이근택의 집안에는 일본 귀족이 6명이나 나왔습니다.

일제로부터 훈장을 받고 은사금을 받은 친일파들은 그 돈을 밑천으로 더 큰 부를 끌어 모았습니다. 그렇게 증식시킨 재산은 해방 후에도 친일파 후손들이 많은 것을 누리며 계속해서 사회 기득권자로 살아갈 수 있게 해준 밑바탕이 되었습니다.

오로지 권력에 충성하며 개인적인 부귀영화를 추구했던 출세주의자 이근택. 그러나 생은 짧고 욕된 이름은 영원할 줄 친일파 형제들도 미처 몰랐겠지요.

2

자산가들을 모아 함께 독립자금을 만들며
민족이 살길을 끊임없이 열었던 안희제와
수단방법 가리지 않고 망국을 기회로 치부한
조선의 땅 투기꾼 1호 김갑순.
두 사람의 행로를 보며 돈의 의미를 물어봅니다.

망해가는 나라의
부자들이 사는 법

안희제
경제계 독립운동의 대부

김갑순
망국을 이용하여 거부가 된 투기꾼

안희제

경제계 독립운동의 대부

경교장의 울음소리

"최준 선생이 찾아오셨습니다."

"오, 그래? 어서 안으로 뫼시게."

백범 김구는 반색을 했습니다. 해방이 되어 서울로 돌아온 후 가장 만나고 싶었던 사람 중 한 명이 '경주 최부자' 최준*이었습니다. 안희제의 백산상회*를 통해 대한민국 임시정부에 막대한 독립자금을 지원해 주었기 때문입니다.

"그동안 남의 나라에서 얼마나 고생이 많으셨습니까?"

"보내주신 자금이 정말 큰 힘이 되었습니다. 고맙습니다."

김구는 최부자의 두 손을 힘주어 꽉 잡았습니다. 조금 뒤 그는 상하이에서 가져온 장부를 내놓았습니다.

*최준
만석꾼 최 씨 가문의 12대손. 안희제를 도와 백산주식회사를 만들고 임시정부에 군자금 조달. 나중에 영남대학을 세움.

*백산상회
1914년 안희제가 이유석·추한식과 함께 부산에 설립한 회사이며, 일제의 탄압으로 1927년 폐업하였다.

안희제

　"그동안 보내주신 자금을 기록해 두었습니다. 살펴보시지
요."

　"아, 예. 그러지요."

　최부자는 예의상 장부를 받아 펼쳤습니다. 안희제 편으로
독립자금을 전달하며 최부자도 나름 적어둔 기록이 있긴 했지
만, 양쪽 금액이 정확히 일치하리라는 기대는 하지 않았습니
다. 일제의 감시를 뚫고 상하이까지 가려면 어떤 경로를 거치
게 될지 알 수 없었기에, 자금의 절반이라도 전해지기를 바라
는 마음이었습니다.

그런데 금액을 확인한 최부자의 눈이 휘둥그레졌습니다. 자신이 보낸 돈과 임시정부에 전달된 돈이 한 푼 오차 없이 같았기 때문입니다.

"이보게 백산……."

최부자의 눈에 눈물이 그렁그렁 고였습니다. 전달한 돈이 좀 없어져도 괜찮다고 여겼던 그 마음이 의심이었다는 자책으로 마음이 아팠습니다. 더구나 해방을 2년 앞두고 안희제가 순국하였기에 더욱 애통했습니다.

"미안하네. 내가 잘못했네……."

최부자는 더 이상 참지 못하고 크게 소리 내어 울기 시작했습니다.

임시정부 운영자금의 60%를 혼자 조달했다고 전해질만큼 전설적인 활동을 하였던 백산 안희제. 그러나 독립운동자금 조달은 그가 펼친 다양한 민족운동의 한 갈래에 불과했습니다.

소년기와 청년기

안희제는 1885년 경남 의령군 부림면 설뫼^{입산리}에서 사남매 중 맏아들로 태어났습니다. 입산리는 안 씨 문중이 1600년대

초부터 모여 살아온 아담하고 풍요로운 고을이었고, 안희제의
집도 살림이 풍족했습니다. 마을엔 향약과 자치조직이 잘 발
달되어 있었으며, 고을에서 큰 인물이 여럿 나와 문중 청년들
의 자부심과 향학열도 높았습니다.

　일곱 살이 되자 안희제는 문중 형님 안익제로부터 한학을
배웠습니다. 그런데 공부 장소인 재실이 가파른 산중턱에 있어
서 어머니가 아침마다 데려다 주었습니다.

"어서 안으로 들어가거라."

"어머니 가시는 것 보고 들어가겠습니다."

안희제 생가

재실 앞에 당도하면 안희제는 문 앞에서 어머니를 배웅하며 서 있었습니다. 할 수 없이 어머니가 돌아서서 산을 내려가면 한참 후에야 안으로 들어가곤 했습니다.

안희제는 인사성이 밝고 공손하며 공부를 열심히 했습니다. 특히 궁금한 것이 있으면 끝까지 질문하여 의문이 풀려야만 물러가는 성격이라 스승이 진땀 흘린 적이 한두 번이 아니었습니다.

그는 열다섯에 경서를 통달했으며 물리뿐 아니라 작문에도 재능이 있었습니다.

鳥欲有閑尋僻谷 (새는 한가로움을 좋아해 후미진 골짜기만 찾아드는데)

日慊偏照到中天 (해는 치우침을 싫어해 중천에서 비추인다)

열일곱 살 때 의령군아에서 열린 백일장에서 쓴 시입니다. 참가자 중에 가장 먼저 쓴 안희제의 시를 읽어본 의령군수는, 문장력과 포부에 감탄하여 후한 상을 내렸습니다.

그런데 안희제가 스물이 되던 해 을사늑약이 이루어지자, 그는 중대한 결심을 하고 집안 어른들에게 고했습니다.

"나라가 망해 가는데 선비가 어디에 쓰일 것입니까? 고서를 읽고 실행하지 않으면 도리어 무식자만 같지 못합니다. 시대에 맞지 않는 학문은 오히려 나라를 해치니, 저는 이제 신학문을 배우고자 합니다."

안희제는 사립 흥화학교를 거쳐 보성전문학교 경제과에 입학했다가, 이듬해 양정의숙 경제과로 다시 들어갔습니다. 두 학교에서 만난 청년지사들과 교류하고 토론하며 안희제는 망해가는 조국을 구할 방법을 고민했습니다.

이 무렵 신민회를 중심으로 교육 구국운동이 활발히 일어났습니다. 한반도 북부와 경기도 등지에 신식학교가 다투어 설립되고 있었는데, 영남지역은 여전히 신교육에 무관심하고 배타적이었습니다. 안희제는 영남 출신 벗들을 중심으로 '교남학우회'를 조직하고 신식학교를 세우기 위해 순회 강연회를 여는 등 많은 노력을 기울였습니다.

"우리나라가 오늘의 비참한 지경에 이른 것은 어찌하여 그렇습니까? 개명한 세상에서 완고하게 옛날을 지켜 시대의 흐름을 알지 못 해 그런 것 아닙니까. 우리 자제들에게는 신식교육을 하여 새 시대의 주역으로 살게 해야 합니다!"

양정의숙에 재학 중이던 1907년, 안희제는 부산의 경제인과 유지들을 발기인으로 모아 구명학교^{현 구포초등학교}를 설립하는 데 성공했고, 의령군에도 의신학교를 세웠습니다.

고향 설뫼에도 학교를 세우려 했지만 보수적인 유림의 반대가 거셌습니다. 안희제는 식음을 전폐한 채 어른들을 찾아다니며 끈질기게 설득했습니다. 홍문관 교리를 지난 친척 형 안효제도 힘껏 지원해 주었습니다.

"내일의 일은 자손들에게 맡기는 게 옳습니다. 어른들이 천백 세를 사는 것도 아닌데, 옛 제도나 풍습을 지킨다 한들 어떻게 신사조를 막아낼 수 있겠습니까?"

결국 문중어른들이 허락하여 문중 재산을 기반으로 한 창남학교를 세울 수 있었습니다.

안희제는 영남지역 자본가들을 폭넓게 모아 교남교육회를 조직하고 각지에 학교 설립을 독려했습니다. 안동에 협동학교가 세워질 때도 힘을 보탰고, 구명학교 교장으로 취임하여 2년 동안 교육 운동에도 힘썼습니다.

대동청년당과 백산상회

안희제는 비밀결사체 대동청년당*을 만드는 데도 중심 역할을 했습니다. 17세에서 30세 미만의 청년 80여 명으로 구성된 이 단체의 초대 단장은 남형우였고, 안희제는 부단장을 맡았다가 나중에 2대 단장이 되었습니다.

일제강점 후 대동청년당 회원들은 무장투쟁과 임시정부 참

*대동청년당
1909년 10월 경상남도 동래에서 조직되어 만주까지 확대된 항일 비밀결사조직

여, 의열투쟁, 학교 설립, 독립운동자금 지원 등 수많은 갈래로 독립운동에 참여했습니다. 백산상회 운영은 물론이고 안희제가 평생 펼친 모든 활동에도 대동청년당 회원들이 긴밀히 관련되어 있었습니다. 그러나 대동청년당의 존재는 해방 이후까지도 알려지지 않았습니다. '조직과 관련하여 어떤 문자도 표시해서는 안 된다'는 조항을 원칙으로 삼고, 어떤 증거도 남기지 않기 위해 모든 것을 외워서 서로 전하며 보안을 지켰기 때문입니다.

1910년 일제가 대한제국을 병합하자 안희제는 만주로 망명했습니다. 이곳에서 같은 대동청년당 창립회원인 윤세복을 만나 대종교*에 대해 자세히 알게 되었고, 나중에 입교하여 신자가 되었습니다.

*대종교
환인, 환웅, 단군을 섬기는 민족종교. 독립운동에 적극 나서다 많은 신도들이 죽었다.

다시 러시아 블라디보스토크로 간 안희제는 그곳에서 〈독립순보〉를 발행하며 독립운동에 참여했습니다. 그런데 중국에 신해혁명이 일어나고 세계1차대전이 발발하는 등 국제정세가 숨 가쁘게 변해가자 안희제는 동료들과 논의했습니다.

"조선에도 어떤 변화가 갑자기 찾아올지 모릅니다. 만일을 위해 국내외 독립운동 세력을 긴밀히 연결해야 합니다."

"그렇소. 해외에서 독립운동을 계속할 수 있도록 국내에서 자금을 계속 만들어 보낼 필요도 있소."

그 임무를 자신이 맡기로 결심하고 안희제는 조선으로 귀국했습니다. 고향의 논 이천 마지기를 팔아 자본금을 마련하여 부산 중앙동에 백산상회를 열었습니다. 겉으로는 곡물, 면포, 해산물을 판매하는 평범한 가게였지만, 진짜 사업은 독립자금을 조달하여 해외 독립지사들에게 전달하는 일이었습니다.

3·1만세운동 후 대한민국 임시정부가 만들어지자 안희제는 본격적으로 독립운동자금을 조성하여 전달했습니다. '임정첩보36호' 총책임자로서 안희제는 여관에 투숙할 때 항상 36호 객실을 이용했으며, 놀라운 변장 솜씨로 전설적인 활동을 펼쳤습니다. 임시정부에 전달할 자금 외에 행동대원들의 활동자금은 따로 지원하였으며 독립투사들을 다양하게 도왔습니다.

"일송이 서대문형무소에서 사형을 당하였소. 어린 자식 외에 연고자가 없어 만해가 시신을 인수하였다고 하오."

일송 김동삼의 사망 소식을 들었을 때도 즉시 한용운에게 장례비를 보냈습니다. 한용운은 김동삼의 시신을 안방에 안치해두고 독립투사의 마지막 길을 배웅했습니다.

백산상회는 1919년 백산무역주식회사로 확대, 개편하고 십 년 가까이 독립운동자금을 더 지원했습니다. 그러나 영업 이익이 있건 없건 독립운동자금을 지원하다보니 손실을 메우는 데도 한계가 있어서 결국 파산했습니다.

백산상회

깡패에서 일본 국회의원이 된 친일파 박춘금

지역 문화단체 조직과 장학사업

백산상회가 주식회사로 개편된 이후 안희제는 중역으로만 참여하고 경영에서는 손을 뗐습니다. 대신 그는 지역 문화단체를 조직하는 데 힘을 쏟았습니다.

"일본의 경제침략에 맞서려면 조선 상공인들끼리 단결해야 합니다. 힘을 모아 우리의 권리를 스스로 요구하고 찾아야만 해요."

안희제는 부산의 기업인, 자산가들을 중심으로 '부산예월회*'를 조직하고 대표를 맡았습니다. 식민지 교육을 강화하려는 총독부의 움직임에 민족 자본가들은 순순히 협조하지만은 않았는데, 부산에서는 부산예월회가 앞장서서 대응했습니다.

얼마 후에는 보통 시민들이 대거 참가한 '부산청년회*'의 결성을 돕고, 안희제는 재무부 간사를 맡았습니다. 부산예월회가 조선자본가층의 이익을 대변하는 성격이었다면 부산청년회는 서민과 대중의 입장을 대변했습니다.

당시 유명한 친일파 깡패 박춘금이 총독부를 등에 업고 갖은 횡포를 부리고 있었습니다. 도항증명서를 만들어 20원씩 받아 챙기는 바람에 가난한 사

*부산예월회
일제강점기 부산지역 유지들이 조선인의 생활과 교육, 경제적 발전을 도모하기 위해 결성한 사회단체

*부산청년회
부산청년회는 1920년대 부산지역 청년 운동의 중심 조직으로 물산 장려 운동, 도항 노동자 권익 옹호, 조선인 교육 강화 등 지역의 여러 현안 해결에 앞장서고 민족 운동을 고취시킨 청년 단체이다.

람들이 조선과 일본을 오가는 배를 타려면 큰 어려움을 겪었습니다. 이에 안희제와 동지들은 '박춘금 성토대회'를 열고, 각 단체에서 참가한 군중을 대거 이끌고 총독부에 항의하였습니다.

"총독부는 도항증명서 제도를 철폐하라!"

"동족을 착취하는 깡패 박춘금을 타도하자!"

똘똘 뭉친 단체들은 총독부로부터 도항제 폐지를 이끌어 내는 데 성공했습니다.

당시 부산의 주택 문제도 몹시 심각했는데, 해결을 촉구하는 시민대회에도 이천 명이 참가하여 어느 정도 결실을 얻어 냈습니다. 부산지역의 이런 남다른 조직력과 대중동원력은, 조선 최초의 총파업인 부산 부두노동자 총파업 투쟁의 한 밑바탕이 되었습니다.

안희제는 영남일대 자산가들과 기미육영회도 조직하여, 우수 청년 열 명 정도를 선진국으로 유학 보냈습니다. 합법적 독립운동의 하나이기도 한 장학사업의 혜택을 입은 국문학자 이극로, 초대 문교부 장관 안호상 등 유학생들은 이후 여러 분야에서 조국 독립에 힘이 되는 활동을 했습니다.

지역에 뿌리를 둔 여러 가지 활동을 하면서, 안희제는 수시로 만주와 중국을 오갔습니다. 물론 독립자금을 전달하기 위해서였습니다. 한 번은 일본경찰에 체포되어 혹독한 고문을 당한 적도 있었지만, 아무 증거가 없으니 결국 풀려났습니다.

'국내에서 독립운동자금을 조성하기가 갈수록 힘들구나. 만주에서 자급자족하며 독립운동을 계속할 방도를 찾아야만 한다. 농사지을 넓은 땅만 있다면 조선인들을 이주시켜 개척을 해볼 텐데⋯⋯.'

1926년에도 안희제는 동만주 일대를 4개월 동안 답사하며 자립 방법을 구상했습니다. 그러나 어마어마한 자금이 있어야 가능한 일이기에 마음에 담아두고 때를 기다렸습니다.

그 사이 학술지 〈자력〉을 발간하고 중외일보 사장으로서 신문사를 경영하는 등 언론 운동에도 힘을 쏟았지만, 일제 탄압과 경영난으로 오래 지속하지는 못했습니다.

발해농장을 경영하다 일제 고문으로 순국

그러던 어느 날 조선의 3대 금광왕 중 한 명인 김태원이 안희제에게 부탁했습니다.

"광산을 팔아야겠습니다. 선생님이 거래를 중개해 주셨으면 합니다."

"알겠네. 내가 구매자를 알아보도록 하지."

김태원은 원래 백산상회에서 지배인 생활을 하던 사람으로,

발해농장 내에 세운 동경성보통학교 제1회 졸업 기념사진

발해농장의 수문 입수 기념사진 (왼쪽에서 두 번째가 안희제)

임시정부에 독립운동자금을 전달하는 일을 했습니다. 그러다 일본경찰에 쫓기어 숨어 다니다 광산업에 손을 댔는데 엄청난 금맥이 터져 대 부호가 되었습니다. 그는 해외 독립운동자금을 지원한 것은 물론이요, 민족학교 설립 등 민족을 위한 온갖 사업과 단체에 후원을 했습니다.

광산이 팔리자 김태원은 안희제에게 수고비와 함께 7만 원을 기부했습니다. 요즘 돈으로 100억이 넘는 거금이었습니다. 안희제는 그 돈으로 발해의 고도 만주 땅 영안현의 광대한 토지를 매입하고, 오래 꿈꾸어왔던 발해농장 개척을 시작했습니다.

목단강 상류 일부를 석축으로 막아 물길부터 만들고, 영남 지역 이주민 300여 가구를 먼저 받아들였습니다. 5년 동안 땅값을 나누어 갚는 조건으로 토지를 주어 농사를 짓게 하고, 이주 농민의 아이들을 위해 발해보통학교를 설립하여 직접 교장을 맡았습니다.

발해농장 소문을 듣고 가난한 조선인들이 모여들어 규모는 점점 커졌습니다. 다른 대규모 농장들도 이웃에 들어오면서 수로는 매년 확장되어 16km가 넘었습니다. 물을 적절히 공급하고 다른 사고를 막기 위해 안희제는 거대 수문을 설치하고 중국인 수문장으로 하여금 지키게 했습니다.

독립운동가도 발해농장으로 모여들어 비밀 연락망을 구축했으며, 임시정부에 자금을 제공하기 시작했습니다.

단군신앙에 뿌리를 둔 대종교도 동경성에 총본사를 열고 포교 활동을 시작했습니다. 초등, 중등, 여자야간부 학교도 세워 민족 어린이와 청소년을 교육하였는데, 정규과목 외에 한국사를 특히 중요하게 가르쳤습니다. 안희제는 독립운동으로 직결되는 대종교 사업을 물심양면 지원했습니다.

그리하여 만주에서 민족종교의 교세가 다시 맹렬히 일어나자 일제는 탄압에 나섰습니다. 조선어학회 회원인 이극로가 교주 윤세복에게 보낸 편지를 조작한 뒤, 국내외 대종교 지도자를 일제 검거했습니다.

"여기에 '봉기하자, 폭동하자!'라고 써져 있지 않느냐. 대종교가 폭동을 계획하고 있다는 명백한 증거다."

그 무렵 안희제는 건강이 좋지 않아 요양 겸 고향 의령에 머물고 있었는데 밀정 조병헌의 밀고로 체포되었습니다. 이때 검거된 사람 가운데 열 명이 8개월 사이에 숨졌을 정도로 일제의 고문은 악랄했습니다. 안희제도 9개월 동안 갖은 고문과 악형을 당하여 병세가 위중해졌습니다.

"안희제가 위험하니 데리고 나가시오."

1943년 8월 3일, 목단강 인근에서 의원을 하던 친척 안영제가 긴급 연락을 받았습니다. 안희제의 장남 상록에게 연락하여 함께 감옥으로 달려가 보니 백산은 뼈만 남은 몰골에 의식도 분명치 않았습니다. 마차를 불러 영제의원으로 모셨으나 그는 우유조차 넘기지 못했습니다.

그러다 새벽에 잠시 의식을 회복한 안희제는 아들에게 집안과 동리 친척들의 안부, 과수원 일까지 자상히 물었습니다.

"나는 해방을 보지 못하겠지만 너희는 해방을 볼 수 있으니 얼마나 행복하냐."

안희제는 앞날을 내다보기라도 한 듯 그렇게 말하였고, "못난 아비를 만나 너희들이 너무 고생 많았다"는 말을 남기고 임종했습니다. 향년 59세. 영남부자였던 그가 남긴 유산은 이가 득실거리는 죄수복 한 벌이 전부였습니다.

경제인으로서 돈의 힘을 누구보다 잘 알았지만 안희제는 혼자만 잘 사는 삶에 관심두지 않았습니다. 자산가들을 모으고 연결하여 독립운동 참여와 후원을 이끌며, 민족이 함께 살 길을 찾는데 일생을 헌신했습니다.

가진 것을 기꺼이 내놓으며 침략자에 항쟁했던 양심적 민족자본가들의 모습은 역사의 한 축을 환히 밝혀줍니다. 그리고 진정 잘 산다는 것은 무엇인지 다시 생각해보게 합니다.

김갑순

망국을 이용하여 거부가 된 투기꾼

인생 대역전의 주인공

"사또 나리, 기침하셨습니까?"

"오냐. 벌써 마당의 눈을 쓸고 있는 게냐? 화로에 손이라도 좀 녹이도록 하여라."

"아닙니다, 나리. 마저 다 쓸겠습니다요."

십대 초반의 소년 김갑순은 눈을 하얗게 뒤집어 쓴 채 더욱 열심히 비질을 했습니다.

김갑순은 공주 감영 관노로 사또의 요강 청소를 담당했습니다. 그는 하루에도 예닐곱 번 사또 방을 들락거리며 요강을 확인하고 항상 깨끗이 관리하였습니다. 겨울에는 사또 엉덩이가 시려울세라 놋쇠요강을 자기 품에 안고 따뜻하게 해서 갖다놓기도 했습니다.

"고놈 참 기특하단 말이야."

성실하고 충성스러운 김갑순은 자연히 윗사람들의 눈에 들었습니다.

김갑순

이처럼 어릴 때부터 사람의 눈에 들기 위해 남다른 노력도 하고 마음을 얻는 재능도 있었던 김갑순은, 인간관계를 통해 이십대에 아전이 됩니다. 비록 말단이긴 했지만 노비가 공무원이 된 것은 엄청난 신분 상승이었습니다.

그런데 삼십대 초반에는 자신이 노비로 있었던 공주 관아에 군수가 되어 부임하게 되니 경천동지할 일이 아닐 수 없었습니다. 이에 그치지 않고 김갑순은 짧은 기간에 전국에서 손꼽히는 거부이자 충청 제일의 땅 부자가 되기에 이릅니다. 나라가 망하고 민족 대다수가 가진 것조차 뺏겼던 시기에, 그는 어떻게 인생 대역전을 이룰 수 있었던 것일까요?

김갑순은 1872년 충남 공주군 계룡면에서 태어났습니다. 원래 두 아들 중에 둘째였는데, 아버지와 형이 일찍 세상을 떠나는 바람에 열세 살에 호주가 되었습니다.

어머니 박씨는 공주 장터에서 국밥을 파는 주모이자 관의 심부름을 하는 노비였습니다. 이때만 해도 신분제가 존재하던 때였기에, 노비의 자식인 김갑순 역시 노비가 되어야 했습니다. 그래서 열 살이 넘자 관노가 되어 사또의 요강 청소를 담당했고 자잘한 심부름을 했던 것입니다.

그런데 1894년 동학농민전쟁*이 일어났습니다. 관군만으로 역부족이었던 왕실은 일본군을 불러들여 농민군을 진압했습니다. 기껏해야 구식 화승총

*동학농민전쟁
1894년 호남지방을 비롯하여 전국 각지에서 전개된 동학농민군의 반봉건·반침략 투쟁

몇십 정을 가지고 있었을 뿐, 나머지는 죽창이나 쇠스랑 등이 전부였던 동학군은 기관총을 비롯한 신식무기로 무장한 일본군과 관군에 일만 명 넘게 학살당했습니다. 그 장소가 바로 공주 관아 관할의 우금치였습니다. 김갑순은 이때 스무 살이 넘어 군영 관노로서 군대 관련 업무를 보고 있었습니다. 그래서 이 모든 참상을 누구보다 가까이서 보고 듣고 겪으며, 일본이 얼마나 무서운 힘을 가졌는지 절실히 깨달았습니다.

청일전쟁 당시 일본 보병대의 사격 모습.
일본군은 청일전쟁 승리 후 동학농민군 토벌에 나섰다.

남다른 처세술로 신분상승

여전히 관노로 일하고 있던 어느 날, 김갑순은 노름꾼을 잡
으러 갔다가 추행 당하기 직전의 한 미녀를 구해주게 되었습
니다.

"고마워요. 오라버니가 아니었으면 꼼짝없이 팔려가서 노리
갯감이 되었을 거예요."

몹시 고마워하는 그녀와 김갑순은 의남매를 맺게 되었습니
다. 얼마 뒤 그 여자는 충청감사의 소실로 들어가게 되었는데,
김갑순이 중매를 섰다는 이야기가 전해집니다.

충청감사의 총애를 받는 그 여자 덕분에, 김갑순은 충남 관
찰사부 아전이 되는 행운을 얻게 되었습니다. 노비 출신이라
그동안 글을 배우지 못했던 김갑순은, 관료가 된 후 열심히
독학해서 한글과 한자를 깨쳤습니다.

아전이 된 후 김갑순의 처세술은 더욱 남달랐습니다. 어려
운 살림에도 불구하고 월급을 받으면 윗자리에 전부 상납하고
자기는 부스러기 수입으로 생활했습니다.

"거 참, 사람이 참 괜찮단 말이야."

윗사람들의 호의 속에 김갑순은 1900년 6급 공무원에 해당
하는 주사직을 수행했습니다. 그리고 이듬해 중추원 의관을
거쳐 내장원 봉세관으로 자리를 옮기게 되었는데, 그 자리 또

한 김갑순이 아전으로 있을 때 도움을 준 적 있었던 고관이 그를 서울로 불러 올린 것이었습니다.

왕실 소유의 땅이나 기타 재산을 관리하는 내장원 봉세관 자리는 중간에서 세금을 더 걷거나 빼돌리는 일이 얼마든지 가능했습니다. 일 년 만에 많은 돈을 모은 김갑순은 벼슬자리를 사서 1902년 부여군수가 되었습니다. 김갑순의 원래 이름은 김순갑이었는데, 이 해에 고종 임금이 갑순이라는 이름을 하사함으로써 개명을 하였다는 일화만 봐도 그의 처세술이 어느 정도였는지 짐작할 수 있습니다.

이듬해 김갑순은 노성군수로 부임하는 한편 충청남도 관찰사부 봉세관을 겸했습니다. 왕실에서 분가하여 나누어준 토지인 선희궁 궁장토 수천 마지기에 대한 소작관리를 김갑순은 매부 하치관에게 맡겼습니다. 그런데 한 마지기당 벼를 한 섬씩 더 받아 중간에서 가로챘고, 군영 농지에 대한 소작료 역시 터무니없이 받아 챙겨 농민들의 원성이 높았습니다.

김갑순은 다시 임천군수를 지낸 뒤, 1906년 공주군수가 되어 고향으로 금의환향하게 되었습니다.

"관노 따위에게 어찌 소인이라 칭해가며 굽실거린 것인가."

공주 관아의 노비였던 김갑순의 출신을 뻔히 알고 있는 공주군의 '씨 양반' 사대부와 아전들이 일손을 놓아버렸습니다. 그래서 부임 초기에는 관아가 텅 비었지만 '새 양반' 김갑순은 뇌물과 회유를 적절히 병행하여 군수 노릇을 무리 없이 해냈습니다.

"개벽천지여. 요새 씨 양반 꼴 되어 가는 것 좀 봐. 아무라도 큰집 살고 돈 많으면 새 양반이지 뭔가."

"꿩 잡는 게 매지, 아무라도 꿩 잡으면 매 노릇 하는 거여!"

당시 공주 사람들은 이런 말을 흔히 나누었습니다.

망하고 흥할 기회가 공존했던 구한말, 떼돈을 번 신흥부자도 많았습니다. 돈으로 벼슬을 팔고 사는 일이 성행하여 새 양반이 수두룩하게 등장했는데, 김갑순은 그 중 대표적인 인물로 화제가 되었습니다.

6개 군의 군수를 지내며 김갑순은 군민을 착취하고 국고를 횡령하며 거금을 모았습니다. 부임지를 옮길 때마다 그는 선정을 베푼 수령의 덕을 기리며 바치던 양산인 '만인산萬人傘'을 스스로 만들고, 자신의 공덕을 기리는 비석도 세웠습니다. 신문에도 수차례 광고를 실어 마치 군민들이 그의 송덕을 기리는 듯 포장하는 데도 열심이었습니다.

당시 군수는 국세 및 지방세를 거둬들일 권한이 있었는데, 각종 세금을 걷어놓고도 한양으로 잘 보내지 않았습니다. 그 돈을 투자하여 장사를 하거나, 고리대금업을 하며 유용하는 것이 보통이었습니다.

그런데 1910년 일본은 대한제국을 강제 병합한 후 '3년 이상 묵은 모든 국세는 탕감해 준다'는 공전범포탕감령^{公錢犯逋蕩減令} 조항을 공포했습니다.

'받아놓은 세금을 나라에 바칠 필요가 없게 되었군.'

국고를 유용하고 있던 관리들은 그야말로 어깨춤을 덩실덩실 추지 않을 수 없었습니다. 많은 군수들의 재산이 이때 불어났는데, 김갑순 역시 마찬가지였습니다.

빈털터리에서 봉세관과 군수를 거치며 큰 부자가 된 김갑순은 아산군수를 끝으로 관직에서 물러났습니다. 남부럽지 않게 신분상승은 하였겠다, 이때부터 작정하고 돈을 끌어 모으기 시작합니다.

망국을 기회로 땅 부자가 되다

조선을 점령한 일제는 전국 토지조사사업부터 실시했습니다.

'자기 땅이 있는 사람은 모월 모일까지 빠짐 없이 신고하시오.'

짧은 기간 공고문을 붙인 뒤 등록되지 않은 땅은 모두 일제 소유의 땅으로 선언했습니다. 글을 모르거나 방법을 잘 몰라서 신고하지 않은 사람도 있고, 공고가 붙은 줄조차 모른 사람도 있었습니다. 그들 모두 두 눈 멀쩡하게 뜨고 자기 땅을 총독부에 뺏겼습니다. 관청, 궁실 등의 소유지에서 약간의 세금을 내고 농사지으며 살았던 농민들도 모두 쫓겨났습니다.

조선총독부는 이렇게 뺏은 땅을 동양척식주식회사*와 친일파들에게 헐값으로 팔았습니다. 김갑순은 돈과 인맥으로 식산은행*에서 거액을 낮은 이자로 대출받아 그 땅을 엄청나게 사들였습니다. 이웃들이 집과 농토를 뺏긴 채 피눈물을 흘리며 쫓겨났지만 김갑순은 어떻게 하면 더 많은 땅을 사들일까 그 궁리뿐이었습니다.

'무조건 일본을 보고 배워야 한다. 일본인들이 하는 대로 빨리 좇아가면 큰 돈을 벌 수 있어.'

일제가 조선의 자원을 효율적으로 착취해가기 위해 철도와 교통망을 우선적으로 건설하자, 김갑순은 재빨리 자동차운수업 인허가를 얻어 공주운수를 설립했습니다. 공주를 중심으로 각 방면의 버스, 택시, 화물운송 등 영업권을 손에 넣었고, 일제와 협력하며 공주, 대전, 평양, 대구 등 각 철도역 승합차장을 개시했습니다. 도로가 확장되고 교통이 발달될수록 김갑순은 많은 돈을 벌었습니다.

당시 남쪽에서 서울로 가려면 배를 타고 금강을 건너야 해서 나루에 언제나 사람이 북적거렸습니다. 김갑순은 처음에

*동양척식주식회사
1908년 일제가 대한 제국의 토지, 자원을 수탈할 목적으로 설립한 특수 국책회사

*식산은행
일제강점기에 일본이 조선에서 신용 기구를 통한 착취를 강화하기 위하여 만든 은행. 동양척식주식회사의 실질적인 지배를 받으며 일제의 한국에 대한 경제적 침략에 큰 역할을 함.

배를 빌려주는 사업을 하다가, 나중에는 25척의 커다란 나무 배를 연결하여 강에 떠있는 배다리를 만들어 통행료를 받았습니다. 그러다 일본의 동양척식주식회사가 선보인 신기술을 보고 김갑순은 무릎을 쳤습니다. 수천 년 흘러온 금강 하구에 둑을 쌓아 강물을 퍼내고 흙을 넣어 순식간에 농토로 만들었던 것입니다.

"역시 일본은 대단한 나라야!"

김갑순은 감탄하는 데 그치지 않고 재빨리 따라 했습니다. 공주 시가지가 확장될 것이라는 정보를 누구보다 먼저 알았던 그는, 미나리논으로 방치된 강 주변 넓은 땅을 매립하기로 했습니다.

'시장을 새로 만들고 점포를 세 놓으면 다달이 현금이 쏟아져 들어올 게야.'

김갑순은 거금을 들여 매립공사를 한 다음, 이백 개 점포를 갖춘 현대식 사설시장을 만들었습니다. 시장 안에 금강관이라는 극장도 만들어 사람들을 끌어들였습니다. 시장 분양은 성공적이었습니다. 시가지가 확장되면서 공공시설이 주위에 들어섰고, 일본인 상점까지 들어오면서 번화한 신시가지가 만들어졌습니다.

영화관이 없던 시절 김갑순은 대전극장, 공주극장, 논산극장도 차례로 설립하여 돈을 긁어모았고, 유성온천 개발에도 성

경제수탈의 본산 동양척식주식회사

1931년 대전으로 이전한 충남도청 상량식 사진

공하여 거부가 되었습니다.

김갑순이 재물을 쌓은 비결은 뇌물과 뒷거래를 통해 고급 정보를 누구보다 빨리 빼낸 것과 남의 돈을 저렴하게 끌어 모아 공격적 투자를 한 것이었습니다. 충청 제일의 땅 부자가 된 과정도 마찬가지였습니다.

충남도청을 공주에서 대전으로 옮길 예정이라는 정보를 일본인 고위층으로부터 알게 된 김갑순은, 식산은행에서 낮은 이자로 돈을 빌려 대전역 주변 땅을 비밀리에 사들이기 시작했습니다.

'부자들 돈도 최대한 끌어 모아야 하는데 어떤 방법이 좋을까?'

곰곰이 생각하던 김갑순은 공주에서 제일가는 명문거족의 집을 산 다음, 머슴들을 모아놓고 술값을 나누어 주었습니다.

"이제부터 너희들은 장바닥에 나가 술을 마시도록 해라. 김갑순이 공주에서 가장 좋은 집을 샀고, 충청도 제일의 부자라고 자랑하고 소문을 내야 한다."

머슴들은 시키는 대로 했고 소문은 금세 퍼졌습니다. 부자에게는 돈을 빌려주어도 떼일 염려가 없으므로, 이자를 적게 줘도 김갑순에게 돈을 맡기려는 사람들이 줄을 섰습니다. 김갑순은 낮은 이자로 부자들의 돈을 모아 대전 땅 22만 평을 헐값에 샀습니다.

충남도청의 이전을 성공시키기 위해 뒷거래 정치도 활발히 했습니다. 관련자에게 뇌물 공세를 아끼지 않았으며, 공주 군민들의 반발을 무마하기 위해 배다리 대신 철교를 놓아주고 학교를 짓는 등 선심을 썼습니다. 김갑순과 함께 비밀리에 대전 땅을 사들인 몇몇 일본인도 총독부 등에 치열하게 로비를 펼쳤습니다.

그리하여 마침내 도청이 대전으로 옮겨지자, 평당 1~2전에 산 땅값이 몇백 원으로 치솟았습니다. 1930년대 대전 땅의 40%가 김갑순 소유였고, 나머지는 일본 기업과 일본인 몇 명이 주인이었습니다. 도청 이전 정보를 빼낸 몇 명이 대전 땅 전체를 소유하고 땅값을 움직였던 것입니다. 특히 김갑순은 자기 돈으로 자기 땅을 사는 수법으로 땅값을 올리기도 했습니다. 그렇게 벌어들인 돈으로 또 충청 일대의 땅을 사들여서,

김갑순의 땅에 농사짓는 소작인이 공주에만 삼사천 명에 이르렀습니다.

모두가 도둑놈이다

"저기 호피판사 간다."

"호피판사라니?"

"호랑이 가죽을 바치고 얻은 판사니 호피판사 아니고 뭔가."

구한말 법원 서기로 있다가 판사가 된 김갑순의 장남을 사람들은 뒤에서 호피판사라 불렀습니다. 일제강점기 전후의 혼란한 시기에 돈과 인맥을 잘 이용하면 못 할 일이 별로 없었는데, 뒷거래 정치에서 김갑순을 능가할 사람은 찾기 어려웠습니다.

총독부 고위관료가 공주에 오면 으레 김갑순이 집으로 모셔 대접했습니다. 꼭 만나야 할 고관이 안 만나주면 순금으로 만든 명함갑이나 순금 화병 한 쌍을 뇌물로 건넸습니다. 김갑순의 유성온천장에는 사이토 총독도 자주 찾아와서 쉬어갔으며, 총독부 관료들에게 향응과 뇌물을 대접하기 위해 별관을 지어 특정인만 이용하게 했습니다.

한편 김갑순은 소실을 포함하여 부인이 열 명이나 되었는데, 자녀들을 전부 당대의 재력가나 세도가 집안 자제들과 결혼시켰습니다. 혼맥으로 재산을 지키기 위한 정략결혼으로, 사돈들은 하나같이 친일파였습니다.

김갑순의 회갑을 기념하여 각계에서 받은 축하시문을 모아 엮은 동우수집東尤壽集이라는 책을 보면 방대한 인맥에 혀를 내두르게 됩니다. 구한말 고관대작들과 총독부 내무국 경보국장, 경시총감, 도지사, 도경찰부장, 도세무감독국장…… 전현직 관료 백여 명이 글을 보냈을 뿐 아니라, 한시를 지을 줄 알았던 유생 이백여 명도 이름을 올렸을 정도였습니다.

그러나 가난하고 힘없는 이들에 대한 태도는 달라서, 신문에 보도된 것만 해도 김갑순 관련 소작쟁의가 무수히 많았습니다. 추수를 한 뒤에 지주에게 소작료를 내는 것이 상례이건만, 김갑순은 봄에 미리 현금으로 소작료를 받아 그 돈을 이용했습니다. 그런데 가을에 곡식값이 폭락하여 가난한 소작인들의 빚이 늘어나 원성을 사기도 했습니다. 또 한 번은 김갑순의 마름이 도조소작료로 바치는 벼를 받는 저울대에 납덩이를 넣은 것이 발각되어 사회적으로 큰 물의를 빚었습니다.

"십 년도 넘게 저울을 속여 왔으니 징역을 살려야 합니다!"

분노한 수백 명의 소작인이 연대 서명을 하여 김갑순의 징역형을 탄원했습니다. 그러나 김갑순의 남다른 정치력으로 이 사건도 유야무야 되었습니다.

당시만 해도 공주는 충청도의 대표적인 물류중심지였습니

다. 김갑순은 소작료로 거둔 나락을 백 석 이상씩 강배에 실어 외지로 내다 팔았는데 품삯을 주지 않아 배꾼들이 파업을 했습니다. 사십여 척 선박은 일주일 동안 포구에 묶여 있고, 백여 명 배꾼이 굶어죽기 직전이라는 신문기사도 보도되었습니다.

충남도청의 대전 이전이 결정된 후에는, 김갑순이 사둔 땅에 집을 짓고 살던 사람들로부터 대지료를 갑자기 다섯 배나 올려 징수했다는 기사도 있습니다.

"민나 도로보데스(모두가 도둑놈이다)."

김갑순이 입에 달고 살았다는 말입니다. 김갑순은 아랫사람들의 속임수를 경계하여 뭐든 자신이 처리해야 안심을 했고 특히 현금은 직접 관리했습니다.

일제침략 초기부터 적극적 친일

일제는 조선 구석구석까지 효과적으로 통치하기 위해 지역 유지들을 행정에 적극 참가시켰습니다. 감투를 쓰면 지역에서 공사를 맡거나 금융기관 이용 시 특혜가 있었기 때문에 김갑순은 일제강점 초기부터 각종 자문기구며 관변단체에서 활동했습니다. 협력의 공로를 인정받아 1935년 조선총독부에서 편찬한 〈조선공로자명감〉에 김갑순의 이름이 수록되기도 했습니다.

중추원 참의를 9년 연임하는 등 꾸준히 친일 행동을 해왔던 김갑순은, 중일전쟁이 시작되자 조선의 인적·물적 자원을 동원하는 각종 기구 간부를 맡았습니다. 황도선양회*, 임전보국단*, 국민총력조선연맹* 등 일제의 침략전쟁을 돕는 단체의 앞자리에서 활약했습니다. 일본인들에 아부하느라 창씨개명 제도가 실시되기도 전에 그는 일본식 이름 '김정갑순金井甲淳'으로 개명했고, 일본어로 간행하던 신문 〈조선신보〉를 인수하여 운영하기도 했습니다.

1941년에는 김갑순이 항일독립운동을 하던 민족종교 금강대도金剛大道교를 밀고하여, 63명이 일경에 검거되어 옥중에서 3명이 사망했습니다. 일제의 비호 아래 건물을 차지한 김갑순, 단군성전을 '역대 총독 열전각'으로 만들어 조선인들에게 참배를 강요했습니다.

"참배를 하라는 걸 보니 신사를 만든 겐가?"

"그게 아니고 조선총독들 사진을 안치해 놓았다더군."

"단군을 모시던 자리에 왜놈 총독 사진을? 부역질도 좀 적당히 하지, 매국노가 따로 없구먼."

*황도선양회
일제강점기 말기에 가미다나(벽 위에 높이 설치하는 신을 모시는 감실) 보급 운동을 펼친 신토 단체

*임전보국단
일제강점기 말기인 1941년 9월에 태평양 전쟁 지원을 위해 여러 친일 단체들이 통합되어 조직된 연합 단체

*국민총력조선연맹
전국민을 일제 침략 전쟁에 동원하기 위한 전국조직으로 마을 이장까지 가입시켰다.

사람들이 손가락질 했지만 김갑순은 개의치 않았습니다. 금강대도교 건물은 태백산에서 벌목한 나무로 지어 재질이 우수했는데, 김갑순은 건물을 헐어 자재를 싣고 가서 자기 건물인 유성호텔을 중개축 하는 데 썼습니다.

일제침략을 기회로 쌓아올린 부가 영원할 것 같았지만 갑자기 해방이 찾아왔습니다. 국민들의 친일파 처벌 요구로 반민특위가 만들어져, 약 삼백 명의 친일반민족행위자가 체포되었을 때 김갑순도 잡혀갔습니다. 그런데 이승만의 반대로 활동이 제대로 이루어지지 못했고 반민특위가 차차 유명무실해지자 김갑순도 풀려났습니다.

"김갑순의 밀고로 얼마나 많은 사람들이 잡혀가서 고문당하고 죽었는지 압니까? 반드시 기소를 해야 합니다."

반민특위 위원이자 공주군 출신 김명동 국회의원이 추가 기소를 하려고 노력했습니다. 그러자 김갑순 측에서는 그를 매장시키기 위해 억지로 술을 먹이고 돈을 호주머니에 넣는 등 술수를 쓰기도 했습니다. 결국 김갑순은 대법원 재판을 받게 되었으나 나이가 많다는 이유로 병보석으로 풀려나왔습니다.

"감히 나를 체포하고 기소해? 이 수모를 씻고 말겠다."

김갑순은 이듬해 총선거에 아들 둘과 손자를 공주 갑·을구와 대전 유성구 국회의원으로 출마시켰습니다. 아이들에게까지 김갑순의 돈이 돌았다는 말이 전해져 내려올 정도로 많은 돈을 뿌렸으나 셋 다 낙선하고 말았습니다.

얼마 뒤 한국전쟁이 터졌을 때 김갑순은 인민군에 체포되었는데, 한때 데리고 있었던 마름의 아들이 마침 그 부대 장교로 있어서 목숨을 건졌습니다.

엄청나던 김갑순의 재산도 해방 후 농지개혁과 화폐개혁에 이어 자손들의 분쟁과 소송 등으로 차츰 줄어들었습니다. 그러나 1961년 김갑순이 89세로 사망하였을 당시에도 그의 앞으로 3371정보[10,113,000평]나 되는 땅이 있었다고 합니다.

독일이나 프랑스 같은 유럽 국가와 달리, 우리나라에서는 반민족행위자를 처벌하거나 재산 환수를 하지 않았습니다. 심지어 국가를 상대로 소송을 하여 친일파 조상의 땅을 찾아간 후손도 수두룩합니다. 김갑순의 손자와 손녀도 '조상 땅 찾아주기' 행정 서비스를 통해 백억 대가 넘는 땅을 찾아갔습니다. 민족문제연구소에 따르면 김갑순의 사례는 빙산의 일각에 불과하며, 친일파 후손들이 백만 평이 넘는 땅을 이미 찾아갔다고 합니다.

정의가 이루어지지 않는 사회에서는 양보하고 희생하는 사람만 손해를 봅니다. 그런 사회에서는 이웃과 공동체야 어찌되든 자기 이익만 챙기면 그만이라는 생각이 깊게 뿌리 내릴 수밖에 없지요. 역사를 올바로 기록하는 일이 사회의 가치관을 바로잡는 출발점이 될 수밖에 없는 까닭도 그 때문일 것입니다.

3

효부상을 받았던 평범한 조선 여성에서 만주의 독립투사가 된 남자현과
조국을 증오하며 적국의 스파이가 되었던 배정자,
여성성의 빛과 어둠을 조명해 봅니다.

인간의 길 여자의 길

남자현

만주의 세 손가락 여장군

배정자

왕실의 스파이 흑치마 사다코

남자현

만주의 세 손가락 여장군

중국옷 노파의 정체

"잡아라! 저쪽 골목이다!"

일본경찰들의 요란한 구둣발 소리가 하얼빈 거리에 울려 퍼졌습니다. 쫓겨 달아나던 허름한 중국옷의 노파가 몇 발의 권총을 쏘며 저항했습니다. 그러나 건장한 남자들은 곧 노파를 덮쳐 땅바닥에 쓰러뜨리고 권총부터 뺏었습니다.

"손부터 확인해!"

"손가락이 세 개 뿐입니다. 남자현 맞습니다!"

"이런 거지 할멈이 그 유명한 여자 독립군 대장이라고? 옷을 뒤져 봐!"

"품에 비수가 있어요. 아니, 그런데……."

노파가 허름한 중국옷 안에 입고 있던 조선옷을 보는 순간 경찰들은 무척 놀랐습니다. 오래되어 색이 거뭇하게 변했지만 옷에 묻은 얼룩은 분명 피였기 때문입니다.

그 옷은 약 40년 전 의병으로 나갔던 남자현의 남편이 전사할 때 입고 있었던 것이었습니다. 그녀가 조선을 떠날 때 치마저고리 속에 입고 와, 독립군과 일본군의 전투가 있을 때마다 전쟁터에 입고 나갔던 옷이기도 했습니다.

환갑이 넘은 나이에 만주의 최고 인물 부토 노부유시* 전권대사 처단을 시도했던 독립투사 남자현. 그러나 그녀도 태어날 때부터 전사는 아니었습니다.

남자현은 1872년 안동의 일직면에서 남정한의 1남 3녀 중 막내로 태어났습니다. 부친은 당상관 벼슬을 지낸 학자로 문하에 칠십여 명의 제자를 기르고 있었습니다.

"남자뿐 아니라 여자도 배워야 하느니라."

아버지는 세 딸에게도 글을 가르쳤고, 남자현은 일곱 살에 국문을, 여덟 살부터 한문을 배웠습니다. 대학, 논어, 맹자, 중용을 차례로 읽었으며 한시를 짓고 자신의 사상과 철학을 다졌습니다.

19세에 남자현은 아버지의 명민한 수제자였던 전통 유학자 집안의 김영주와 혼인했습니다. 홀시어머니를 정성껏 모시고 남편을 섬기며 남자현은 양반가의 아내로 평범한 삶을 살았습니다.

그런데 1895년 명성황후가 일본인들의 손에 피살당하자 일본

남자현

남자현과 시댁일가 가족 사진. 왼쪽에서 두 번째가 남자현이다.
남편이 전사한 얼마 뒤인 1897년 무렵 찍은 것으로 보인다.

에 대항하여 안동에서도 의병이 일어났습니다.

"나라가 망해 가는데 어찌 지켜만 보고 있겠소. 싸움터에 가 있을 동안 어머니를 잘 부탁하오."

남자현의 남편도 의병으로 참가했는데 홍구동전투에서 일본군의 총에 목숨을 잃고 말았습니다. 이때 남자현의 나이 스물넷이었고 뱃속에는 아기가 자라고 있었습니다.

'저도 당장 싸움터로 가서 원수를 갚고 싶습니다. 그러나 제 책임을 다하고 훗날 당신을 떳떳이 만나러 가겠습니다."

피 묻은 남편의 옷을 장롱 깊이 간직하며 남자현은 다짐했습니다.

도리를 다한 뒤 만주로 망명

남자현은 유복자를 낳아서 키우며, 농사와 길쌈을 하여 홀시어머니를 봉양했습니다. 그런데 이듬해 친정아버지가 일제에 끌려가 심한 고문을 당한 뒤 사망했습니다. 제자들이 의병으로 활약하다보니 병석에 누워있던 스승까지 잡아간 것이었습니다. 마을에서 존경받던 오빠마저 얼마 후 의문의 죽음을 당하여, 남자현의 친정은 풍비박산이 나고 말았습니다.

남편에 이어 아버지와 오빠마저 잃은 남자현의 마음은 찢어질 듯 아픈데, 아들을 잃은 후 마음에 병을 얻은 홀시어머니의 시집살이도 여간 힘든 게 아니라서 남자현은 눈물 마를 날이 없었습니다. 그녀가 교회에 나가기 시작한 것은 이 무렵이었습니다. 남자현은 교회에서 일본어와 양잠기술 등을 배워, 나중에 직접 뽕나무를 길러 누에도 쳤습니다.

당시 지역 교회는 계몽운동과 독립운동의 고리 역할을 하는 경우가 많았습니다. 남자현이 다니던 교회 역시 만주의 독립운동가들과 연결되어 있었습니다. 만주로 이주한 일송 김동삼은 시댁 쪽 친척이었으며, 석주 이상룡도 부친의 지인이었고, 아버지의 제자 가운데 많은 사람이 만주로 망명해 있었습니다. 남자현도 자연스럽게 민족운동에 동참하며 부녀자와 어린이 교육을 하였습니다.

남편 사망 후 이십 년 만에 시어머니가 돌아가시자 남자현은 삼년상을 정성스레 마쳤습니다. 그런 남자현에게 면에서 효부상을 줄 정도였습니다.

그 얼마 뒤 남자현은 남대문에 사는 김 씨 부인으로부터 만세운동이 벌어진다는 비밀 연락을 받고 2월 26일 서울로 갔습니다. 만주에서 온 독립운동가도 만나고, 3월 1일에는 연희전문학교 근처 교회에서 동지들과 준비한 독립선언서를 낭독하고 배포했습니다.

"대한독립 만세! 만세!"

시위는 다음 날에도 계속 이어졌고 전국 방방곡곡으로 번졌습니다. 열흘 동안 만세운동에 동참하며 일제의 무자비한 탄압을 경험한 남자현은 만주로 가서 독립운동에 동참하기로 결심했습니다

"이곳에서 내가 해야 할 도리는 다했습니다. 당신의 뒤를 이어, 나도 남은 인생을 조국에 바치겠습니다."

남자현은 장롱 속에 간직해 왔던 남편의 피 묻은 옷을 치마저고리 속에 입고, 아들과 함께 남몰래 국경을 넘었습니다. 이때 그녀의 나이 마흔일곱이었습니다.

남자현이 찾아간 곳은 일송 김동삼의 백서농장이었습니다. 백서농장은 원래 신흥무관학교 졸업생들을 중심으로 정예부

일송 김동삼 (마포 감옥 수감 때 모습)

대를 양성하는 군영이었으나 운영이 어려워져 문을 닫게 되었습니다. 군영이 해체된 후에도 남자현은 척박한 땅을 개간하여 옥수수, 메밀, 보리 등 곡식을 심고 백여 마리 닭을 길러 손님들을 대접했습니다. 손님들은 물론 독립군들과 관련 방문객이었습니다. 먹을 것, 입을 것 없는 만주 땅에서 목숨 걸고 싸우는 독립군들에게 음식과 의복을 제공하기 위해, 여성들은 고된 노동을 끊없이 해야만 했습니다.

대한민국 임시정부가 세워진 뒤, 만주 서간도지역의 독립군 부대는 임시정부 산하의 '서로군정서*'로 확대 개편되었습니다. 남자현은 아들 김성삼을 신흥무관학교에 입학시켰고 자신은 서로군정서에 입대하였습니다. 독립군 부대의 정식 여군이 된 것입니다.

만주의 독립군은 일본 관동군*과 수시로 전투를 벌였습니다. 남자현은 부상당한 병사들의 간호를 맡거나 때로는 전투에 직접 참가했습니다. 특히 만주로 간 이듬해 벌어진 청산리전투* 때부터 남자현은 '독립군의 어머니'로 불렸습니다. 전투가 끝나 소속부대가 철수했는데도 남자현은 남아서 부상병을 구하고 보살폈기 때문입니다.

*서로군정서
남만주지역에 있던 독립운동단체. 1919년 4월, 한족회와 함께 조직된 군정부가 임시정부의 통할 하에 들어간 이후 서로군정서로 이름을 고쳤다.

*관동군
일본의 중국침략 첨병으로 제2차 세계대전 말까지 만주에 주둔했던 일본 육군 부대의 총칭

*청산리전투
1920년 10월 21일부터 6일 동안 김좌진이 이끄는 북로군정서, 홍범도의 대한독립군, 안무의 국민군 등 독립군 연합부대 약 2천여 명이 두만강 상류 화룡현 일대에서 5천여 명의 일본군에 맞서 대승을 거둔 싸움

손가락을 잘라 화합을 호소

청산리전투에서 독립군은 역사적인 대승을 거두었으나 승리의 기쁨은 짧았습니다. 관동군이 무자비한 보복을 벌이기 시작한 것입니다. 마을의 조선인들이 독립군에 협력하는 것이 근본 문제라고 본 일제는, 조선인들의 마을을 통째로 불태우고 남녀노소 가리지 않고 학살했습니다.

그러던 중 토벌을 피해 도망다니던 십여 명의 독립군이 남자현의 집에 들어왔습니다. 굶주림과 피로에 지친 그들을 쉬게 해주고 싶었으나 남자현의 집은 워낙 좁아서 머물만한 공간이 없었습니다. 이에 남자현이 마을 촌장에게 도움을 청했는데, 그는 일제의 보복을 두려워하여 난색을 표했습니다.

"이들이 누구를 위해 싸운 것입니까? 우리와 후손을 위해 목숨 바칠 각오를 한 사람들 아닙니까. 그런데 저 사람들을 버려서야 되겠습니까?"

남자현은 촌장을 차분히 설득했습니다. 틀린 데 없는 그녀의 말에 촌장은 마음을 바꾸어, 부상자들을 자기 집으로 업어 날랐습니다.

"동상 걸린 사람을 더운 방으로 바로 들이면 안 됩니다. 창고의 큰 독 여러 개에 물을 반 쯤 채워주세요. 아버지가 의병들을 치료할 때 보고 배운 방법이 있습니다."

그녀의 말대로 독이 준비되자, 남자현은 의병들에게 알몸으로 그 속에 한참 들어가 앉았다가 나오게 했습니다. 그리곤 아들을 보살피듯 닦아주고 안마를 해준 뒤 따뜻한 음식을 대접하였습니다. 타국에서 고생하던 어린 병사들은 눈물을 흘렸고 남자현을 어머니라고 부르기 시작했습니다.

한 번은 동포 청년 한 명이 독립군들에게 너무나 귀중한 말을 타고 마적단을 찾아가버린 일이 있었습니다. 마적은 잔인하고 흉포하여 만주에서 공포의 대상이었는데, 남자현이 말과 독립군을 돌려달라고 마적 두목에게 편지로 요청했습니다.

"조선 여자 독립군의 기개가 대단하군."

남자현의 배포를 높이 산 마적 두목은 말과 사람을 돌려보내라고 부하들에게 지시했습니다. 이 일화는 입에서 입으로 전해지며 남자현의 이름을 알렸습니다.

한편 관동군은 독립군을 뿌리 뽑기 위해 잔인한 토벌을 계속했고 간도 지방에서만 삼천 명 이상 조선인이 학살되었습니다. 결국 독립군 주력부대는 추격을 피해 소련 영토 안으로 들어가고 남자현이 몸담고 있던 서로군정서는 북만주로 옮기게 되었습니다.

세력도 재정적 기반도 없는 북만주에서 서로군정서는 큰 어려움에 처했습니다. 최악의 환경 속에서도 남자현은 흰 저고리에 검정치마를 입고 각 마을을 누비며 열두 곳 이상 교회를 세우고 여성과 어린이 교육에 힘썼습니다. 교회 개척은 곧 독립운동의 기반을 다지는 일로써, 교인이자 군인이었던 남자현에게 신앙과 항일투쟁은 분리할 수 없는 하나였습니다.

한편 소련으로 넘어간 독립군 부대는 자유시 참변*으로 돌이킬 수 없는 타격을 입었습니다. 소련의 지지를 받는 독립군과 소련군이, 소련의 지시를 거부하는 독립군을 공격한 사건이 일어난 것입니다. 남은 병력을 수습하여 만주로 돌아온 독립군들도 여러 갈래로 흩어져 서로 다른 분파가 전투를 벌이는 일까지 생겼습니다. 몹시 마음이 아팠던 남자현은 산속으로 들어가 일주일 동안 금식 기도를 한 뒤, 손가락을 잘라 혈서를 써서 호소했습니다.

*자유시 참변
1921년 6월 27일 러시아 자유시에서 붉은 군대가 대한독립군단 소속 독립군들을 포위, 사살한 사건. 당시 조선의 분산된 독립군들이 모두 자유시에 집결하였기 때문에 이 사건을 계기로 만주, 연해주지역 조선 독립군 세력이 사실상 모두 궤멸되었다.

"우리가 일본군과 싸우러 왔지 동족과 싸우러 이 머나먼 타국까지 왔습니까? 피 한 방울이라도 적과 싸우는 데 써야지, 동족을 해치는 데 써서야 되겠습니까!"

남자현의 애타는 충정에 감동한 주민들은 손가락 목비를 세워 그녀의 뜻을 기렸고, 한동안 통합의 노력이 더했습니다.

이듬해 독립운동단체 통합 논의를 위해 한민족 전체 125개 단체의 대표가 참가한 국민대표회의가 상하이에서 열렸습니다. 그러나 이때도 유명무실한 임시정부를 해체하자는 창조파와 실정에 맞게 개편, 보완하자는 개조파로 나뉘어 분열이 극심했습니다.

남자현은 다시 손가락 한 마디를 잘라 민족의 통합을 호소했습니다. 이 일로 해서 남자현은 '세 손가락 여장군'이라는 별명을 얻으며 독립운동 진영 화합의 상징적 인물이 되었습니다.

위기 때마다 빛난 지혜와 슬기

독립운동단체의 완전한 통합은 불가능했지만 길림에서는 열두 개 단체가 통합하여 정의부를 조직했습니다. 이때 남자현은 중앙여성대표가 됨으로써 명실상부한 독립군 부대 여성 중대장이 되었습니다. 동포들을 화합시키고 군자금을 모집하기 위해 남자현은 만주 각지를 누볐습니다. 때로는 국경을 넘어 조선에 잠입하여 군자금을 전달받기도 했습니다.

*사이토 마코토
1858~1936 일본의
제 30대 총리. 제5대
조선총독부 총독. 문
화통치 시작

54세이던 1926년 봄 남자현은 사이토 마코토* 조선총독 처단을 결심했습니다.

'내 너를 죽여 제 2의 안중근이 되리라.'

이토 히로부미를 사살했던 안중근에 이어, 남자현은 사이토를 처단함으로써 민족의 저항정신과 독립의지가 여전히 살아있음을 보여주고자 했습니다.

동료 몇 명과 서울로 잠입한 남자현은 혜화동에서 교회 일을 보는 척하며 총독을 암살할 기회만 엿보았습니다. 이때 순종이 승하하여 창덕궁 빈소에 사이토가 조문하러 나타날 것임을 알게 되었습니다.

'분명 고관들이 드나드는 금호문으로 올 테지.'

남자현은 거사 전 금호문 주변을 답사하였는데, 눈빛이 매서운 어떤 청년이 주변을 서성이는 것이었습니다.

'혹시 밀정인가?'

남자현은 경계하는 마음에 일단 자리를 피했습니다. 그런데 한참 뒤 호각소리와 헌병들의 구둣발 소리, 고함소리가 요란했습니다. 알고 보니 그 청년은 송학선이란 조선사람으로, 남자현과 같은 목적으로 사이토 총독을 암살하려다 체포된 것이었습니다. 서울은 발칵 뒤집혔고 비상이 걸리는 바람에 남자현은 어쩔 수 없이 만주로 그냥 돌아갈 수밖에 없었습니다.

이듬해 국내에서는 공산주의·민족주의 할 것 없이 힘을 합쳐 일제와 투쟁하자는 민족유일당운동이 벌어져 신간회*가 탄생했습니다. 이 흐름은 해외로도 이어져, 의열단 나석주의 추도식에 안창호가 참석하여 만주 동포들 앞에서 좌우합작을 독려하는 연설을 하기로 했습니다.

밀정을 통해 이 정보를 입수한 일제가 중국경찰

*신간회
1927년 2월 민족주의 좌파와 공산주의자들이 연합하여 일제에 저항하기 위해 만든 민족단체

에 거짓 밀고를 했습니다.

"조선 공산당 수백 명이 불법 집회를 하고 있으니 어서 체포하시오."

이리하여 안창호를 비롯한 조선의 핵심 지도자들이 중국 헌병에 체포당하는 길림대검거사건*이 일어났습니다.

"범죄자들을 조선으로 보내시오. 우리가 처리하겠소."

골치 아픈 만주의 독립군을 몽땅 잡아들일 속셈으로, 일본은 이들을 넘겨받기 위해 갖은 수를 썼습니다. 자칫하다가는 민족의 독립운동이 치명적 타격을 입을 수 있는 위기였습니다. 그런데 접근이 금지되어 다들 어찌할 바를 몰랐는데 남자현이 조용히 움직였습니다.

"집안 친척입니다. 갈아입을 옷을 가져왔으니 잠깐 만나게 해주시오."

나이 많은 여성이 옷 보따리를 안고 와서 간곡히 청하자 간수는 경계심을 풀고 잠깐 면회를 허락했습니다. 안창호를 만난 남자현은 밀명을 받아 관계자에게 즉시 전달했고, 이에 따라 길림사건비상대책반이 꾸려졌습니다. 임시정부 및 흥사단 등에서 중국당국에 석방을 강하게 요구하는 한편, 각처에 손을 써 여론을 조성했습니다.

길림사건이 신문에 보도되자 중국의 각 단체와 학생들의 비판이 빗발쳤습니다.

"조선 독립운동가들을 일본에 넘기는 것은 국가의 품격을 떨어뜨리는 일입니다!"

"즉시 석방하시오!"

여론을 무시할 수 없었던 중국 당국은 결국 독립운동가들을 풀어주었습니다. 그 후 만주 교민들은 길림사건을 해결한 숨은 공로자로 남자현을 꼽았습니다.

만보산사건* 때도 그녀의 지혜는 돋보였습니다. 만보산지역에서 조선인과 중국인 사이에 싸움이 벌어져 유혈사태가 났는데, 일본이 허위과장보도를 하여 민족감정을 부추겼습니다. 그래서 조선 각지에서 중국인 배척운동이 심하게 일어났으나 정작 만주지역은 곧 잠잠해졌습니다. 남자현이 사건을 즉시 조사하여 사실관계를 밝히고, 일제의 농간에 속아 휘둘리지 말 것을 곳곳에 알리고 다녔기 때문입니다.

김동삼이 하얼빈 주재 일본 총영사관에 체포되었을 때도 남자현이 면회 후 구출계획을 세웠습니다. 이송 날짜가 갑작스레 변경되는 바람에 계획은 성공하지 못했지만, 위기 때마다 남자현이 보여준 지혜와 슬기는 독립운동 현장에 큰 힘이 되었습니다.

*만보산사건
1931년 중국 지린성 창춘현 만보산지역에서 일제의 술책으로 조선인 농민과 중국인 농민이 벌인 유혈사태

만주국에 도착한 국제연맹 리튼조사단

내 죽어 너희를 이기리라

*만주국
만주 사변의 결과로
생겼던 일본의 괴뢰
국. 일본이 만주국의
실권을 장악해 사실
상 일본의 식민지였
다.

일제는 1932년에 만주를 점령하고 괴뢰국가인 만주국*을 세웠습니다. 땅을 뺏긴 중국은 국제연맹에 일본의 침략행위를 조사해 줄 것을 요청했고, 이에 따라 국제연맹조사단이 만주 하얼빈에 오게 되었습니다.

'독립을 원하는 조선인의 뜻을 세계에 알릴 수 있는 좋은 기회다.'

남자현은 이번에도 왼손 무명지 한 마디를 잘라 흐르는 피로 또렷하게 글씨를 썼습니다.

조선독립원(朝鮮獨立願)
조선여자 남자현

잘린 손가락과 혈서를 손수건으로 싼 남자현은, 국제연맹조사단에 전달할 방법을 찾기 위해 고심했습니다.

일제는 국제연맹조사단이 오기 전에 조금이라도 의심스러운 사람은 미리 체포해서 송화강 너머에 가두어 놓았습니다. 그러고도 물샐 틈 없는 경비를 하며 거동이 수상하다 싶으면 바로 총살시켰습니다. 국제연맹조사단이 호텔에 머무는 동안 탄원서를 전달하려던 중국인 5명, 러시아인 2명, 조선인 1명이 즉결처분을 당하였습니다.

"이것을 국제연맹조사단에게 꼭 좀 전해주시오."

남자현은 호텔을 드나드는 인력거꾼에게 돈을 주고 은밀히 심부름을 시켰습니다. 그런데 검문에 걸린 것인지 돈만 빼돌린 것인지 그 사람을 다시 만날 수가 없었습니다. 애꿎은 손가락만 잃어버린 셈이었으나, 조국 독립에 대한 그녀의 염원은 그리도 깊고 간절했습니다.

이듬해 남자현은 61세가 되었습니다.

'더 나이 들면 투쟁도 힘들어질 것이다. 기운이 남아 있는 한 싸우다 죽는 것이야말로 조선 독립군이 걸어갈 길이요, 나의 운명이다.'

남자현은 만주의 최고 권력자인 부토 노부유시 전권대사를 처단하기로 결심했습니다. 일본 제국주의에 대항하여 함께 싸우는 조선인 및 중국인 동지들의 도움을 받아 계획을 세웠습니다.

"만주국 수립 1주년 기념식장에 부토가 참석한다니 그 때가 좋겠습니다."

"감시가 대단할 텐데 어떻게 접근하지요?"

"허름한 중국 노파로 변장하면 경계하지 않을 겁니다."

일정과 계획을 세운 후 남자현은 무송사진관에서 사진을 찍었습니다. 당시 독립투사들은 죽음을 무릅쓰는 임무를 하기 전에 생전의 마지막 모습이 될 수 있는 사진을 찍곤 하였습니다. 특히 남자현은 환갑이 지난 여성이라 폭탄을 던진 뒤 피하기가 쉽지 않을 터여서, 여차하면 부토와 함께 자폭할 각오를 하였습니다.

2월 27일, 남자현은 미리 약속한 무기를 전달받아 행사가 열리는 장춘으로 가기 위해 하얼빈 교외를 지나고 있었습니다. 그때 미행하던 형사들이 덮쳐 그녀를 체포했습니다. 의열단 행세를 했던 악질 밀정 이종형이 밀고를 했던 것입니다.

남자현은 하얼빈 주재 일본영사관 유치장에 여섯 달 동안 갇혀 있었습니다. 일제가 악랄하게 고문하였지만 그녀에게서 아무 것도 얻어낼 수 없었습니다. 그러다 8월 6일부터 남자현은 음식을 거부하였습니다.

"너희가 주는 밥을 더 이상 먹지 않겠다. 내가 스스로 죽어 너희를 이겨야겠다. 나는 죽는 것이 곧 사는 것이다."

쇠약해진 몸에 음식물을 끊어버리니, 열흘 쯤 되자 그녀는 사경을 헤매게 되었습니다. 그제야 일제는 병보석으로 그녀를 석방하여 인근 적십자 병원에 옮겨 놓았습니다. 남자현의 생명이 위독하다는 전보를 받고 신의주에 있던 아들과 손자가 부랴부랴 만주로 달려왔습니다.

남자현은 조선인이 하는 여관으로 가기를 원했고, 이에 가족들은 그녀를 모시고 하얼빈 지단가에서 조 씨가 운영하는 여관으로 갔습니다. 방문객들이 다 돌아가고 주변이 조용해지자 남자현은 행낭에 감춰두었던 돈 249원 80전을 아들에게 내놓으며 말했습니다.

"200원은 조선이 독립되는 날 정부에 독립축하금으로 바쳐라. 너의 생전에 독립을 보지 못하면 네 자손에게 똑같이 유언을 하도록 해라. 나머지 돈은 손자를 대학까지 공부시켜 내

영양군 남자현 생가 옆에 항일 순국비가 세워졌다.

뜻을 알게 하고, 친정의 손자를 찾아 교육 시키도록 해라."

친정이 풍비박산 난 후 고아가 되어 떠돌고 있다는 오빠의 손자가 그녀는 마음에 못내 걸렸던 것입니다.

"어머니, 제발 미음이라도 한 술 넘기십시오."

아들이 안타깝게 권했으나 남자현은 거부했습니다.

"사람이 죽고 사는 것은 먹고 안 먹고의 문제가 아니라 정신에 달려있는 것이다."

자는데 깨우지 말라고 당부하고 남자현은 계속 자다가 그대로 숨을 거두었습니다. 혼수상태로 풀려난 지 닷새만인 8월 22일이었습니다.

남자현의 장례식에 조선인들이 모여들까봐 총영사관 경찰서에서는 사망원인이 단식이라 쓴 부고를 문제 삼아 가족들을 들볶았습니다. 그래서 가족들은 제대로 장례식을 하지도 못하고 남강 서쪽 외인 묘지에 남자현을 서둘러 묻을 수밖에 없었습니다.

그 후 남자현의 아들은 어머니의 유언대로 친정 손자를 만주로 데려와 공부시켰고, 해방이 되자 삼일절 기념식장에서 독립축하금을 임시정부 요인에게 전달했습니다.

일제가 침략하지 않았으면 가족과 더불어 평범한 일상의 행복을 누렸을 남자현. 그런데 침략자로 인해 사랑하던 사람들을 차례로 고통스럽게 잃어야만 했습니다. 그러나 개인적 책무를 묵묵히 다한 뒤, 나라와 겨레를 위하여 더 큰 고난의 길을 기꺼이 걸었습니다.

남자현의 생애는 조선 여성의 힘과 지혜와 사랑을 유감없이 보여줍니다. '죽고 사는 것은 정신에 달려 있다'던 그녀의 마지막 말대로, 시간이 흘러도 바래지지 않는 의연한 정신은 역사 속에 영원히 살아 있을 것입니다.

배정자

왕실의 스파이 흑치마 사다코

파란만장했던 유년기

"방금 배정자가 잡혀왔다는군."

"어떻게 생겼는지 얼굴이나 보세."

1949년 2월초 남대문로에 있는 반민특위 사무실에 사람들이 모여들었습니다. 이토 히로부미의 양녀이자 흑치마로 유명한 다야마 데이코를 구경하기 위해서였습니다.

해방 후 '반민족행위처벌법'이 제정된 후 잡혀온 여성 피의자는 총 6명이었습니다. 그 중 첫 번째로 잡혀온 사람이 바로 배정자였습니다.

조선이 일본에 강점되자 기뻐하며 만세를 불렀고, 이토 히로부미가 안중근에게 사살되자 쓰러져 식음을 전폐 했던 배정자. 그녀는 왜 조국을 증오하고, 생명의 위험까지 무릅쓰며 일본의 밀정 노릇을 했던 것일까요?

배정자는 1870년 김해에서 아전 배지홍의 삼남매 중 외동딸로 태어났습니다.

그런데 세 살이 되던 해, 명성황후가 시아버지 흥선대원군을 축출하는 과정에서 한바탕 피바람이 불었습니다. 그때 배정자의 아버지는 대원군의 졸개로 몰려 대구 감영에서 처형되었고, 졸지에 역적집안이 되어 가족들은 노비가 되었습니다. 그 충격으로 어머니가 눈까지 멀어 일을 제대로 할 수 없게 되는 바람에 삼남매는 거지가 되어 떠돌아야 했습니다.

관기가 되면 형편이 좀 나아질까하여 배정자의 어머니는 딸을 밀양 관아에 기생으로 보냈습니다. '계향'으로 불리며 기생 노릇을 하던 배정자는 열두 살에 몰래 도망쳐 집으로 왔습니다. 그러자 그녀의 어머니는 딸을 양산 통도사로 보냈습니다.

"부처님께 귀의하였으니 세속의 일은 잊어버리도록 해라."

스님은 배정자에게 '우담'이란 법명을 지어 주었습니다. 그러나 그녀는 계향이란 기명도 우담이란 법명도 좋아하지 않았습니다.

"내 이름은 분남이야. 그러니까 분남이라고 불러."

절에서 함께 지내던 동승에게, 배정자는 어릴 적 이름으로 자신을 불러달라고 했습니다. 눈에 띄는 외모 못지않게 배정자의 성격은 자유분방하고 괄괄했습니다. 어떤 날은 공양간에서 음식을 훔쳐내 와 동승에게 함께 먹자고 권하기도 했습니다.

배정자

두 해 정도 절에 머물렀던 배정자는 다시 절을 뛰쳐나갔습니다. 거리를 배회하던 그녀는 도망친 관기라는 것이 들통나 추노꾼에게 쫓기게 되었는데, 그때 배정자의 아버지를 잘 알았던 동래부사 정병하가 구출해 주었습니다.

동래부에 머물고 있던 배정자에게 하루는 정병하가 일본인 무역상을 소개해 주었습니다.

"분남아, 네 신분으로는 앞으로도 조선 땅에서 살아가기 어려울 게다. 마쓰오 상을 따라 일본으로 가서 새 출발을 하는 게 어떻겠느냐?"

"그럴 수만 있다면 그렇게 하고 싶습니다."

배정자는 망설임 없이 대답했습니다. 그녀에게 조선은 지긋지긋하기만 할 뿐 어떤 희망도 없는 땅이었기 때문입니다.

이토 히로부미의 양녀가 되다

배정자는 열다섯 살에 현해탄을 건너 일본으로 갔습니다. 마쓰오는 일본에서 신문물을 익히고 있던 개화파 안경수에게 배정자를 보냈고, 그가 다시 김옥균에게 소개했습니다.

"이 아이 아비도 역적으로 몰려 처형되었다고 합니다."

"어린 나이에 고생이 많았겠구나."

김옥균 역시 갑신정변* 실패 후 일본으로 망명 온 처지였습니다. 자신은 간신히 일본으로 도망쳤지만 부모와 두 동생은 비참하게 죽었고, 아내와 딸은 관노비가 되어 온갖 고생을 하고 있었습니다. 배정자가 남 같지만은 않았던 김옥균은 자기 집에 머물게 하고 '난석'이란 이름도 지어주었습니다. 일본어를 가르치는 틈틈이 바둑도 가르쳐, 사랑방에 손님이 오면 응대와 심부름도 하게 하였습니다.

*갑신정변
1884년 김옥균 등 개화파들이 조선의 근대적 개혁을 위해 일으킨 정변

김옥균의 손님 가운데는 44세의 나이로 일본 초대 내각총리대신이 된 이토 히로부미도 있었습니다. 그는 배정자가 외모도 빼어난 데다 조선 왕실에 원한이 있다는 것을 알고 속으로 생각했습니다.

'이 아이를 잘만 교육시키면 장차 큰 도움이 되겠구나.'

이토 히로부미는 배정자를 데려가 자신의 별장인 창랑각에 살면서 경찰학교에 다니게 했습니다. 수영, 승마, 자전거, 사격술, 변장술 등 고급 밀정 활동에 필요한 기술을 가르쳤고, 일본에 충성을 다하도록 기르기 위해 정신교육은 더욱 철저히 했습니다.

"너는 이제부터 일본인 다야마 데이코田山貞子다. 내가 너를 양녀로 삼아 부족함 없도록 뒤를 봐줄 테니, 장차 대일본 제국을 위해 큰일을 할 인물이 되는 데만 힘을 다하여라."

이토 히로부미

이리하여 그녀는 다야마 데이코 즉 유명한 배정자가 되었습
니다.

이토의 별장을 나와 집을 얻어 따로 살며 여학교에 다니던
배정자는, 열여덟 살에 첫사랑이었던 전재식을 다시 만났습니
다. 배정자가 밀양관아 기생이었을 때 둘은 서로 좋아했으나,
전재식의 부모가 억지로 유학을 보내는 바람에 헤어졌던 사이
였습니다. 두 사람은 결혼을 하였고 아들도 태어났는데, 5년

도 못 되어 남편이 병으로 죽고 말았습니다.

배정자가 조선 땅을 다시 밟은 것은 그 이듬해였습니다. 김옥균이 개화파 동지였던 김홍집에게 보내는 밀서를 전달할 임무를 띠고 있었는데, 부산에 도착하여 소지품 검사를 하는 도중 발각이 되고 말았습니다.

"난 이토 일본 총리의 양녀 다야마 데이코다. 총리께 직접 확인해 보아라. 나한테 함부로 손을 댔다가는 너희가 무사하지 못 할 것이다."

역적의 밀서를 전달하는 것만으로 중죄인으로 처벌을 받을 일인데 배정자는 오히려 큰소리를 쳤습니다. 경찰이 혹시나 싶어 일본영사관에 확인해보니 그 말이 사실이라 배정자를 영사관으로 넘겨주었습니다.

왕실 스파이로 활약

첫 임무에 실패했던 배정자가 다시 조선을 찾은 것은 1903년이었습니다. 이때는 일본 공사의 통역 자격으로 당당히 서울로 들어갔습니다.

"조정에 러시아를 등에 업은 세력들이 있어서 방해가 된다. 그들을 몰아내도록 해라."

이토 히로부미로부터 밀명을 받은 배정자는, 일본공사관에서 지내며 황실에 접근할 기회만 노렸습니다. 얼마 후 당시 세도가인 엄비*의 조카사위를 사귄 배정자는, 그를 통해 엄비를 만나고 고종황제를 대면하기에 이르렀습니다. 이때 배정자의 나이 서른세 살이었습니다.

*엄비
시위상궁으로 있다가 명성황후가 살해된 후 고종을 섬겼다. 아들 은을 낳아 귀인에 책봉되고, 1900년 8월에 순빈으로 봉해졌다. 1901년 고종의 계비로 책립되어 엄비라 불리게 되었다.

그녀의 과거를 아는 사람은 조정에 아무도 없었고, 화려한 외모에 세련된 말솜씨를 가진 배정자에게 고종은 호감을 가졌습니다. 그녀에게서 일본의 문물과 문화에 대해 이야기 듣기를 좋아하였고, 황제는 차츰 배정자를 총애하여 자주 곁에 두었습니다. 물론 배정자는 왕실에서 보고 들은 모든 것을 빠짐없이 일본에 보고하였으며, 일본 지시에 따라 철도 부설 확대를 고종에 권유하는 등 스파이 활동을 했습니다.

그 무렵 대한제국의 지배권을 놓고 일본과 러시아의 힘겨루기가 날로 심해지고 있었는데, 하루는 배정자와 이야기를 나누던 중에 고종이 이렇게 말했습니다.

"짐이 블라디보스토크로 갈 때 너를 데려 가겠노라."

"블라디보스토크라면 러시아 연해주 아닙니까. 그 먼 곳을 어이 가십니까?"

배정자는 태연히 캐물어, 친러파 신하들이 세운 고종의 블라디보스토크 천거 계획을 알아냈습니다. 만약에 고종이 러시아로 옮겨간다면 일본은 닭 쫓던 개가 될 판이었습니다. 배정자로부터 정보를 전달받은 일본은 긴급히 대한제국 정부에 항의하였고, 이 계획은 없던 일이 되고 말았습니다.

얼마 후 일본은 러일전쟁*을 일으켰습니다. 전쟁이 확대되자 배정자는 일본 군부의 명령에 따라 만주로 갔는데, 그곳에서도 밀정으로 뛰어난 활약을 하여 일본군 장교들 사이에 유명했습니다.

*러일전쟁
1904~1905년 만주와 한국의 지배권을 두고 러시아와 일본이 벌인 제국주의 전쟁

그러다 조정에서 친러파가 득세하자 배정자는 다시 서울로 보내졌습니다. 궁중의 친러파를 몰아내는 공작을 비밀리에 수행하던 그녀는, 고종의 편지를 이토 히로부미에게 전달하기 위해 일본으로 갔습니다.

"그동안 얼마나 고생이 많았느냐. 이번 기회에 푹 쉬도록 하여라."

이토는 크게 반기며 배정자를 병원에 입원시켜 진찰을 받게 하고 은사금도 두둑이 내렸습니다.

얼마 후 그녀는 고종에게 보내는 이토의 답신을 받아 귀국했는데, 편지 내용이 오만방자하기 이를 데 없었습니다.

"감히 이런 편지 심부름을 하다니, 황제를 능멸함이 아니고 무엇이겠습니까? 큰 벌을 내려 마땅하옵니다!"

그렇지 않아도 배정자를 벼르고 있던 친러파 신하들이 크게 문제 삼으며 나섰습니다. 이리하여 배정자가 부산 앞바다

절영도로 귀양을 가자, 일본 공사관에서는 서기관을 파견하고 추밀원장 이토 히로부미도 대리사절을 보내 위로하였습니다.

3년 유배형을 받았지만 배정자의 귀양살이는 금방 끝났습니다. 러일전쟁이 일본의 승리로 끝나자 이토 히로부미가 일본 특파대사로 대한제국에 부임했던 것입니다. 이토는 비서관을 보내 배정자의 사면을 종용했고 정부는 이에 따를 수밖에 없었습니다.

을사조약 체결로 날개를 달다

"대사 방문에 네가 공로가 많았다."

고종은 배정자를 다시 가까이 불렀습니다. 이토 히로부미가 한일협상조약^{을사늑약} 체결을 강요하는 현실에서 일본 사정을 잘 아는 배정자가 어느 정도 필요했던 것입니다.

"이토 히로부미 대사는 어떤 사람이냐? 아는 대로 말해봐라."

"폐하, 이토 대사님은 폐하와 조선 사람들을 도우려고 온 것입니다. 양국의 우호친선을 도모하면 조선에 이로움이 많을 것이옵니다."

"이토는 일본의 중신이니 응당 자기 나라를 먼저 위하고, 그 다음에 우리나라를 생각하지 않겠느냐. 그대가 대사를 성의

껏 모셔서 이 나라에 도움을 주도록 하라."

이때는 고종도 배정자가 일본의 스파이 노릇을 한다는 것을 짐작하고 있었지만, 그녀가 조선을 증오하며 일본의 지배를 진심으로 바란다는 것까지는 알지 못 했습니다.

한편 이때 일본은 이미 한반도를 지배할 준비를 마친 상태였습니다. 미국, 영국과 차례로 조약을 맺어 대한제국에 대한 종주권을 인정받았고, 러일전쟁에서 이겨 러시아로부터도 모든 권리를 독점한 상태였습니다. 이제 당사자인 대한제국의 승인을 받는 형식적 절차만 남겨두고 있었는데 고종황제와 조정 대신들이 순순히 도장을 찍지 않자 이토 히로부미는 몹시 화가 났습니다. 군대와 헌병을 동원하여 공포 분위기를 만들고 겁박한 끝에 을사오적의 협조로 조약을 체결하였고, 이 소식에 배정자는 누구보다 기뻐했습니다.

이듬해 3월 이토 히로부미가 초대 통감으로 조선에 부임하자 배정자는 최고 전성기를 맞았고, 오빠 배국태는 한성판윤^현 ^{서울시장}, 동생은 경무감독관^{현 경찰청장}이 되었습니다. 사교계의 여왕이 된 배정자는 덕수궁 중명전에서 밤마다 화려한 파티를 열어 주요 인사들의 동향을 파악하고 여론을 만들며 드러내놓고 스파이 활동을 했습니다.

1907년 헤이그 밀사 사건 후 고종을 퇴위시킬 때도 배정자는 한몫을 했습니다. 그 무렵 검은 치마를 입고 다녔던 그녀를 세간에서 '흑치마 사다코'라고 부르기 시작했습니다. 여성의 상징인 치마와 어둠을 나타내는 검은색을 결합한 이 별명은 궁중 안팎을 휘젓는 배정자에 대한 사람들의 부정적인 눈길을 보여줍니다.

고종이 퇴위 당하고 군대까지 해산당해 온 나라 사람들이 의분에 차 있는데, 배정자는 두 번째 남편과 헤어지고 아홉 살 어린 남편과 호텔에서 서양식으로 화려한 결혼식을 올려 신문에까지 보도되었습니다.

자신의 임무를 마친 이토 히로부미는 1909년 조선통감에서 물러나게 되었습니다. 그는 떠나기 전에 배정자에게 새로운 임무를 주었습니다.

"앞으로 청나라의 움직임이 동양 전체에 큰 영향을 미칠 것이다. 위안스카이*의 부인이 조선인이라 하니, 네가 접근하여 돈독히 지내도록 하여라."

"잘 알겠습니다. 문제없습니다."

그런데 배정자가 중국으로 떠날 준비를 하기도 전에 이토 히로부미가 안중근 의사에게 피살되었습니다. 그 소식에 놀란 배정자는 그 자리에 쓰러져 식음을 전폐하고 한동안 집밖으로 나오지 않았습니다. 그러다 이듬해 8월 대한제국이 일제 식민지가 되었다는 소식을 듣고 배정자는 병석에 누워 있으면서 만세를 불렀습니다.

*위안스카이
중국의 군인, 정치가. 총리교섭통상대신으로 조선에 부임하여 국정을 간섭하고 일본, 러시아를 견제했다. 중화민국 대총통을 지냈다.

안중근

독립운동가 밀고와 위안부 알선

이토 히로부미의 신뢰를 받던 아카시 모토지로가 경무총장이 되면서 배정자는 새로운 기회를 맞게 되었습니다. 배정자의 능력을 높이 평가한 아카시가 그녀를 헌병대 촉탁으로 채용한 것입니다.

"만주의 독립운동 세력을 뿌리 뽑아야 하오. 관련자를 찾아내고 조직을 파괴할 무장 첩보 단체를 만들도록 하시오."

임무를 받아 만주로 간 배정자는 독립운동 세력 파괴 공작을 수행했습니다. 만주 최대 친일단체인 보민회*가 만들어지기까지 배정자는 숨은 역할을 했고, 특히 총독부로부터 막대한 자금을 조달하는 데 능력을 발휘했습니다.

일본 외무성은 특별경찰비를 신설하여 해외 밀정들의 활동을 적극 뒷받침했습니다. 궁핍한 만주 사회에서 돈의 위력은 대단하여, 친일파와 밀정이 갈수록 번성하는 바람에 독립투사들이 설 자리는 점점 없어져 갔습니다. 이에 독립군도 적극적으로 밀정 처단에 나섰고, 생명의 위험을 느낀 배정자는 서울로 돌아갔습니다.

"그동안 고생 많았소. 서울에서도 계속 좋은 활동을 부탁하오."

*보민회
1920년 만주에서 조직되었던 친일단체. 회원들에게 첩보·밀고의 의무를 부과하였고, 산하 무장 자위단으로 독립군을 토벌했다.

조선총독부 경무국장 마루야마가 반갑게 맞아주며 경무국 촉탁으로 배정자를 계속 고용하였습니다. 지령이 있을 때마다 만주, 간도, 상하이 등을 오가며 밀정 활동을 계속하던 배정자는 1924년 일선에서 물러났습니다. 총독부에서는 배정자의 공로를 높이 평가하여 600여 평의 토지를 주었고, 은퇴 후에도 계속 월급을 주어 넉넉한 생활을 하게 해주었습니다.

사치하고 방탕한 생활을 하며 지내던 배정자는, 1940년 태평양전쟁이 발발하자 민간업자와 손잡고 조선 여성 백여 명을 '군인 위문대'라는 이름으로 남양군도까지 끌고 갔습니다. "나의 조국 일본 장병들이 고생하는 것이 가슴 아프다"며 배정자는 어린 여성들에게 성노예 노릇을 강요했고 그 과정에서 당연히 금품을 챙겼습니다.

그런데 5년 뒤 일본이 전쟁에 져서 조선이 해방되었습니다. 배정자는 두려운 나머지 바깥출입을 못하고 집안에서만 숨어 지냈습니다.

1948년 어느 신문사 기자가 성북동 집으로 찾아가 배정자에게 물었습니다.

"조선이 해방되고 새로 정부가 세워진 데 대해 어떻게 생각하십니까?"

"참, 기쁜 마음이 가득차서 무어라 말할 수가 없습니다."

"친일 활동을 하였던 것에 대해서는 어떻게 생각하십니까?"

반민특위 재판 광경

"지금 아무 기억도 없어요. 다 어리석고 나이가 어렸던 까닭에 어쩔 수 없었던 거지요."

배정자가 변명만 늘어놓자, 옆에 있던 손자가 할머니를 흔들며 '자백하라', '용서를 빌어라'며 다그쳤다고 합니다.

일제강점기에 활약한 '밀정'은 '친일파'처럼 이 시기에 한정하여 특별한 의미를 가집니다. 항일투사와 독립운동 조직을 감시하고 밀고하며 민족운동 파괴공작을 하여 민족사에 끼친 피해가 엄청났기 때문입니다. 반민법에서 밀정을 별도 항목제4조 4항으로 다룬 것도, 배정자가 여성 가운데 반민특위에 가장 먼저 체포되었던 이유도 그래서였습니다.

고통만 주었던 조국이었기에 배정자에게 애국심까지 기대하는 것은 무리일 것입니다. 그러나 조국과 민족 같은 개념을 떠나, 평범한 인간애의 차원에서 침략자를 도와 한반도의 죄 없는 사람들을 고통에 빠뜨리고 죽음의 길로 내몬 행위는 변명의 여지가 없습니다.

여성으로서 배정자는 외모를 무기삼아 스파이 활동을 하면서, 당시 조선 여성들은 상상할 수도 없었던 남성편력을 일삼으며 사치하고 방탕한 생활을 했습니다. 이에 그치지 않고 손녀뻘 되는 어린 여성들을 제국주의 군인들의 성노예로 보내고 금품을 챙기는 추악한 선택까지 했습니다. 이런 배정자의 삶에서는 여성성이 가진 생명과 죽음의 양가 이미지 가운데 어둡고 부정적인 면모를 발견할 수 있을 뿐입니다.

반민특위 해산으로 배정자는 곧 감옥에서 나왔으나, 돌봐주는 사람 없이 어렵게 생활하다 한국전쟁 와중에 81세로 사망하였습니다.

4

생전에 한 권의 시집도 낸 적 없고 시도 행동의 하나였던 청년지사와, 일본인 보다 더 일본인답기를 소망했던 조선 최대 베스트셀러 저자의 삶과 글쓰기를 보며, 진정한 글의 힘은 어디서 오는지 생각해봅니다.

무명시인과 베스트셀러 저자

이육사
어두운 시대에 빛을 노래한 시인

현영섭
조선어 폐지에 앞장 선 베스트셀러 저자

이육사

어두운 시대에 빛을 노래한 시인

남북한에서 함께 사랑받는 시인

　이육사가 건강이 좋지 않아 경주 남산 옥룡암에서 요양하고
있을 때였습니다. 신석초 등 글벗 몇 명이 위문겸 찾아갔는데,
이육사가 새로 쓴 시라며 '청포도'를 읽어주었습니다.

　　내 고장 칠월은
　　청포도가 익어 가는 시절

　　이 마을 전설이 주저리주저리 열리고
　　먼 데 하늘이 꿈꾸며 알알이 들어와 박혀

　　하늘 밑 푸른 바다가 가슴을 열고
　　흰 돛단배가 곱게 밀려서 오면

내가 바라는 손님은 고달픈 몸으로
청포를 입고 찾아온다고 했으니

내 그를 맞아 이 포도를 따 먹으면
두 손은 함뿍 적셔도 좋으련

아이야 우리 식탁엔 은쟁반에
하이얀 모시 수건을 마련해 두렴

이육사는 밝은 표정으로 눈을 빛내며 말했습니다.

"내 고장은 조선이고 청포도는 우리 민족을 뜻하네. 청포도
가 익어가는 것처럼 우리 민족도 익어가고 있지. 일본도 곧 끝
장날 테니 두고 보게."

시는 좋았으나 이육사의 말에 벗들은 선뜻 공감하기 어려웠
습니다. 일본이 만주를 삼키고 중국 본토까지 침략하여 연일
승승장구하고 있던 때였기 때문입니다.

'우리가 모르는 무엇인가를 알고 있는 것인가?'

신석초는 이육사의 확신이 경이로웠습니다. 초기에 독립운
동을 했던 문인들이 줄줄이 변절해가는 때에 시로 민족정신
을 치열하게 표현하는 그가 존경스럽기도 했습니다.

청포도를 발표하던 무렵 문인들과의 술자리.(오른쪽에서 두 번째가 이육사)
오른쪽에서 첫 번째 사람이 노천명으로 전해진다.

그러나 이육사가 온몸으로 행동하는 항일투사인 줄은 신석
초도 까맣게 몰랐습니다. 독립운동은 비밀 엄수가 무엇보다
중요하였기에, 문단에서 가장 가까운 신석초에게도 자기 신변
에 관해 한 마디도 하지 않았기 때문입니다.

1943년 이육사의 마지막 사진

어떤 문인은 남한에서만 높이 평가받고, 어떤 문인은 북한에서만 유명합니다. 그런데 이육사는 생전에 무명 시인이었음에도 불구하고, 남북한에서 동시에 높이 평가하고 사랑하는 시인이 되었습니다. 그는 과연 어떤 삶을 살며 어떤 시를 썼기에 진정한 민족 시인이 된 것일까요?

성장기와 학창시절

이육사는 1904년 경북 안동 원촌리에서 태어났습니다. 퇴계 이황의 13대손 이가호와 어머니 허길 사이의 여섯 형제 가운데 차남이었습니다.

이육사의 본명은 원록이고 어릴 때부터 집에서 부르던 이름은 원삼이었습니다. 필명은 여러 개가 있었으나 시를 쓸 때는 대구 은행 폭파 사건으로 형무소에 갇혔을 때 수인번호 64번에서 딴 이육사를 주로 써서 이 이름이 알려지게 되었습니다.

이육사는 여섯 살에 할아버지로부터 천자문과 소학을 배웠습니다. 그러다 마을에 민족학교 보문의숙이 세워지고 할아버지가 초대교장이 되자 형제들이 모두 이곳에서 공부했습니다.

사이가 무척 좋았던 형제들은 서로 우의를 잊지 말자고 집 이름도 육우당六友堂으로 지었습니다. 숲 사이로 반딧불이가 무수한 유성처럼 흘러 다니던 자연 속에서, 형제들은 밤늦도록 함께 공부하고 시문을 지었으며 때로 말을 타고 들판을 달렸습니다. 형제들은 모두 예술적 재능이 있었는데, 그중 가장 재기 넘쳤던 동생 원조는 문학평론가로 일찍 이름을 떨쳤고, 다른 동생 원일은 글씨로 일가를 이루게 됩니다. 어릴 때 다소 우직하고 근엄한 성격이던 이육사는 나중에 시인이 되었습니다.

그런데 이육사가 태어난 이듬해 을사늑약으로 나라가 일제에 주권을 뺏겼고, 여섯 살이 되던 해 식민지가 되고 말았습니다. 이 기간 전국에서 의병이 들불처럼 일어났는데, 특히 안동은 한 지역에서 320명의 독립유공자를 배출할 정도로 항일의 기개가 높았습니다. 이육사의 친가와 외가에도 독립투사가 수두룩했고, 이육사의 어머니도 자식들에게 입버릇처럼 말했습니다.

"내 죽거든 울지 마라. 나라 잃은 백성은 부모 죽음에 눈물 흘릴 자격이 없다."

가족과 친지, 이웃이 동지로 얽혀있는 환경 속에서 이육사의 형제들도 항일정신을 자연스럽게 숨 쉬며 자랐습니다.

그런데 할아버지가 돌아가신 후 집안 형편이 급격히 기울었습니다. 이육사가 보문의숙을 졸업한 뒤 가족들은 결혼한 장남이 살고 있는 대구로 이사를 했습니다. 이곳에서 교남학교를 다닌 이육사는, 졸업 후 열일곱에 부친이 정해준 혼처인 영천의 큰 부잣집 딸 안일양과 결혼했습니다. 그 후 백학학원 중등부에서 잠시 공부 후 교원으로 근무하다가, 스무 살이 되던 해 일본 유학을 떠났습니다.

이 시기 일본에는 전 해 가을에 있었던 간토대지진*과 그 이후 벌어진 조선인 학살의 여파가 계속되고 있었습니다. 지진 피해로 인한 사회 혼란과 국민 불만을 막기 위해 일본인들은 조선인과 공산당이 우물에 독약을 넣었다는 헛소문을 조직적으로 퍼뜨렸습니다. 그들은 자경단을 조직하여 조선인을 닥치는 대로 죽였으며, 억울하게 죽은 2만여 명의 조선인 가운데는 어린이와 부녀자도 많았습니다.

*간토대지진
1923년 9월 1일 11시 58분 32초(일본 표준시)에 일본 가나가와 현 사가미 만을 진앙지로 발생했던 큰 지진이다.

이런 시기에 예비학교를 거쳐 일본대학전문부에 다니며, 이육사는 조선인들이 당하는 차별과 무시를 똑똑히 보고 듣고 겪었습니다. 이육사의 항일 의지는 점점 강해졌고, 이따금 그는 동료 유학생들 앞에서 독립선언서를 열정적으로 낭독하기도 했습니다.

나를 고문하라!

이육사는 일 년 만에 학업을 중단하고 돌아왔습니다.

그 무렵 대구에는 교육공간인 조양회관이 설립되고, 여러 시민단체가 입주하여 신문화운동을 활발히 펼치고 있었습니다. 대동청년당 회원이기도 한 서상일의 기부로 지어진 조양회관은 대구지역 항일민족운동의 거점 역할을 했습니다. 이육사도 이곳에서 강좌를 맡아 애국지사들과 어울리며 항일운동에 동참했습니다. 이미 조양회관에 활발히 드나들고 있던 동생과 함께 비밀리에 의열단에 가입했고, 이듬해 베이징 중국대학 상과에 입학했습니다.

일 년 뒤 여름에 이육사가 귀국한 직후 '대구 은행 폭파사건'이 발생했습니다. 신문지에 싼 꿀단지 속에 들어있는 폭탄을 터지기 직전 누군가 재빨리 밖으로 던졌으나, 여섯 명이 중경상을 입고 유리창 칠십여 장이 파괴되었을 정도로 위력이 대단했습니다.

"범인을 반드시 잡아들여야 한다. 조금이라도 의심스러운 놈은 다 잡아들여 족쳐라!"

발칵 뒤집힌 일본 경찰은 인근 청년들을 마구잡이 붙들어 갔습니다. 중국에서 온 이육사와 조양회관을 드나들던 형제들도 용의선상에 우선적으로 올랐습니다.

"너희들 짓이 분명하다. 다른 신문지는 다 그대로 있는데 폭탄을 싼 날짜 신문지만 없지 않은가!"

집에 모아둔 신문 중에서 폭탄이 터진 날짜의 신문지만 없는 것을 찾아낸 일경은 이육사의 네 형제를 구속하고 온갖 고문을 하였습니다.

"꿀단지에 폭탄을 넣은 건 누구 생각인가? 당장 실토하지 못할까!"

옷이 피걸레로 변하는 혹독한 고문에도 이육사와 형, 두 동생은 서로 자기 짓이라고 우겼습니다.

"나 혼자 한 일이다. 다른 사람은 아무 연관이 없다."

"내가 저지른 일이다. 딴 사람은 당장 풀어줘라."

저마다 자기 짓이라고 하니 일경은 네 형제를 모두 가두어 놓았습니다.

1년 7개월이 지난 후 이 사건의 진범으로 장진홍이 오사카에서 체포되었습니다. 장진홍은 혼자 저지른 범행임을 실토하였고, 사형 선고를 받은 뒤 왜놈 손에 교수형을 받을 수 없다며 대구형무소에서 자결하였습니다. 범인이 밝혀졌으니 이육사 형제를 바로 풀어주어야 함에도 불구하고 일경은 석 달이나 더 감옥살이를 시킨 뒤 내보냈습니다.

사실 이 사건은 원래 장진홍과 이육사 형제들, 친척 이경식이 함께 일을 꾸미고 준비한 것이었습니다. 그런데 다른 사람들은 때를 기다리자는 신중한 입장인 반면, 장진홍은 하루 빨리 거사를 하자고 재촉하다가 어느 날 단독으로 폭탄을 배달시켰던 것입니다.

"죽으려면 혼자 죽어라."

독립운동가가 있는 집안에서는 어릴 때부터 귀에 못이 박히도록 들으며 자란 말이었습니다. 육사 형제가 고문을 당하면서도 저마다 자기 혼자 저질렀다고 우겼던 것도, 장진홍 의사가 단독범행이라 주장했던 것도, 모두 이런 약속을 지킨 것이었습니다.

*광주학생항일운동
1929년 11월 광주에서 시작되어 이듬해 3월까지 전국에서 벌어진 학생들의 시위운동으로 3·1운동 이후 가장 큰 규모로 벌어진 항일운동이다.

출옥한 뒤 이육사는 1930년 조선일보에 등단작 '말'을 발표하며 시인으로 첫 걸음을 떼었습니다.

고난뿐인 항일투쟁의 길로

*치안유지법
일제가 반정부·반체제운동을 누르기 위해 제정한 법률. 무정부주의·공산주의 운동을 비롯한 일체의 사회운동을 조직하거나 선전하는 자에게 중벌을 가하도록 한 악법이다.

몇 달 뒤 광주학생항일운동*이 일어나자 일제는 예비 검속 차원에서 또 이육사를 구속했습니다. 조선인들을 쉽게 다스리게 위해 일제는 치안유지법*을 만들어 놓고, 필요하면 조선인을 아무 때나 잡아들이고 탄압했습니다.

풀려난 뒤 이육사는 중외일보 대구지국 기자가

되었습니다. 이때 중외일보 사장은 상해 임시정부에 독립운동 자금을 지원하던 백산 안희제였고, 의열단 창립단원이자 '밀양 폭탄사건'으로 7년형을 살고 나온 윤세주가 기자로 일하고 있었습니다. 조양회관 서상일을 연결고리로 맺어진 인연들이자, 이육사의 비밀스러운 항일운동과 떼어놓을 수 없는 인물들이기도 했습니다.

얼마 뒤 대구 시내에 일본을 비난하는 격문이 전봇대에 나붙고 거리에 뿌려졌습니다. 이육사와 동생 원일이 함께 한 일이었습니다. 일주일 동안 대구 앞산 솔밭에 숨어 지내던 이육사는 결국 검거되어 동생과 함께 두 달 형무소에 다녀왔습니다.

출옥 후에도 항일활동을 계속하던 이육사는 1932년 아예 중국으로 건너가 '조선혁명군사정치간부학교*'에 입학했습니다. 난징 교외 탕산에서 합숙생활을 하며, 26명의 동료와 함께 중국어, 정치군사, 전투훈련, 특수공작 수행 행동요령 등 항일투쟁에 필요한 모든 훈련을 받았습니다. 이육사는 백발백중 명사수로 이름 높았고, 밤에 불을 끄고 15분 만에 권총 6자루를 조립하여 모두를 놀라게 한 적도 있었습니다. 변장에도 능하여 여러 가지 신분증명서를 가지고 다니며 국내를 오갔습니다.

"신분증명서 좀 봅시다."

*조선혁명군사정치간부학교
1932·1935 중국난징에 설립되었던 독립운동 간부양성학교

1943년 북경을 드나들던 시절, 부여루 앞에서 찍은 사진

1934년 서대문형무소 수감 당시 이육사 신원카드

한 번은 기차 안에서 일제 고등계 형사가 검문을 하였습니다.

"여기 있소."

이육사가 침착하게 내민 증명서를 본 형사는 깜짝 놀라며 거수경례를 했습니다. 워낙 고위층 신분증명서였기에 일경은 감히 의심할 엄두조차 내지 못했습니다.

이듬해 조선혁명정치군사간부학교를 졸업한 이육사는 조선으로 귀국했습니다.

"각자 자신의 생활 근거지에서 비밀 조직을 만들고, 정치간부학교 2기 학생을 모집하여 추천하도록 하라."

두 가지 임무를 받았으나 미처 활동을 시작하기도 전에 이육사는 또 체포되었습니다. 함께 군사간부학교를 졸업한 처남 안병철이 자수를 하는 바람에 1기 졸업생들이 줄줄이 잡혀들어간 것이었습니다.

두 달 만에 기소유예로 풀려나오긴 했으나, 이육사는 이 일을 용서할 수 없었던 듯 비겁한 핏줄과는 함께 살 수 없으니 아내를 데려가라는 편지를 장인과 처삼촌에게 쓰기까지 했습니다. 이 무렵 세 살 난 아들 동윤까지 병으로 세상을 떠나 아내는 더욱 힘든 시간을 보내야 했는데, 이육사의 어머니가 며느리를 더욱 따스하게 감싸고 보살펴 주어 부부도 차츰 화합하게 되었습니다.

나에게는 시도 행동이다

1935년 이육사는 정인보를 도와 정약용의 〈다산문집〉 간행에 참여했습니다. 이때 신석초와 처음 만나 가까운 글벗이 되었고, 정인보와 신석초가 어렵게 꾸려가던 〈신조선사〉 일도 도왔습니다. 중국의 정세에 대한 평문도 쓰고 시도 연이어 발표하는 등, 이육사는 글쓰기에 한층 힘을 기울였습니다.

"시도 나에게는 하나의 행동이라네."

이육사가 말했지만 그의 항일투쟁을 알지 못했던 글벗들은 그 말의 뜻을 정확히 알지는 못했습니다.

1938년 불국사에서 최용, 신석초, 이육사

일제 경찰의 요주의 감시 대상이었던 이육사는, 이듬해 만주에 얼마간 다녀온 뒤 또 체포되었다가 일주일 만에 풀려났습니다. 투옥과 고문으로 인한 후유증과 긴장된 생활의 반복으로 인해 쇠약해진 몸을 돌보기 위해 남산 옥룡암 요양을 하는 가운데, 이육사는 글벗들과 동인지 〈자오선〉을 내고 여러 편의 시를 발표했습니다.

건강이 나아졌던 이육사는 1941년 폐병에 걸린 친구 부부를 간호하다 자신도 병에 걸리고 말았습니다. 주위에서는 옮는다며 모두 멀리하라고 충고했지만 '그러면 자기 병이 심한 줄 알고 불안해 할 것'이라며 이육사는 더욱 극진히 돌보았고, 친구 부부가 사망하자 장례까지 치러주었습니다. 그리곤 자신도 성모병원에 입원하여 치료를 받고 이듬해 여름까지 요양을 해야 했습니다.

1943년 중국으로 긴너간 이육사는 베이징과 충칭의 독립운동단체 사이를 오가며 좌우합작을 추진하는 일을 했습니다. 그러던 중 어머니와 맏형의 소상에 참석하기 위해 귀국했다가 동대문경찰서에 체포되고 말았습니다.

이육사가 중국으로 이감된다는 소식에 그의 아내는 세 살 난 딸을 들쳐 업고 형무소로 달려갔습니다.

"옥비야, 아빠 갔다 오마."

딸의 손을 꼭 잡고 볼에 얼굴을 대며 이육사는 말했습니다.

그러나 그 약속은 결국 지키지 못 했습니다. 베이징으로 끌려
간 이육사는 1944년 1월 16일 차디찬 감방에서 순국하고 말
았습니다. 이때 그의 나이 마흔이었습니다.

"이원록이 죽었으니 시신을 거두어 가시오."

이육사와 함께 갇혀 있다가 며칠 먼저 출옥한, 친척이자 동
지인 이병희에게 감옥에서 연락이 왔습니다. 며칠 전까지만
해도 멀쩡했던 이육사였기에 이병희가 믿을 수 없어서 달려가
보니, 이육사의 옷은 피로 낭자하게 젖어 있고 눈은 부릅뜬 채
였습니다.

당장 화장하라는 독촉이 득달같아, 이병희는 없는 돈을 빌
려 바로 화장을 할 수밖에 없었습니다. 육사의 유골을 안고
나오긴 했으나 갈 곳이 없어서, 역시 친척이자 동지인 이귀례
의 집으로 가져갔습니다. 임화*의 부인인 이귀례는
해산한지 며칠 되지 않았는데, 신생아의 머리맡에
이육사의 유골함을 놓고 둘이서 통곡하였습니다.

뒤늦게 소식을 들은 동생들과 양자가 찾아와 이육
사의 유골을 조국으로 모셨습니다.

사망 이듬해 8월 15일 해방이 되었습니다. 문학평론가인
동생 원조가 그해 12월에 이육사의 미발표작 '광야'와 '꽃'을
〈자유신문〉에 실었습니다.

*임화
1908~1953 시인,
평론가, 문학운동가

까마득한 날에
하늘이 처음 열리고
어데 닭 우는 소리 들렸으랴

모든 산맥들이
바다를 연모해 휘달릴 때도
차마 이곳을 범하던 못하였으리라

끊임없는 광음을
부지런한 계절이 피어선 지고
큰 강물이 비로소 길을 열었다

지금 눈 내리고
매화 향기 홀로 아득하니
내 여기 가난한 노래의 씨를 뿌려라

다시 천고의 뒤에
백마 타고 오는 초인이 있어
이 광야에서 목 놓아 부르게 하리라

이육사 시집 초판본 <육사시집>(1946, 서울출판사)

이육사 시집 재판본 <육사시집>(1956, 범조사)

절명시 '광야'에는 이육사의 삶과 정신이 고스란히 담겨 있습니다.

열일곱 차례나 구속당하고 늘 쫓기는 극한의 생활을 계속해 왔음에도 불구하고, 그의 시에는 어떤 엄살도 생색도 없습니다. 서정적이고 전통적인 상징과 은유로 굳센 의지를 품격 있게 표현하였을 뿐입니다.

생전에 이육사는 무명 시인이었습니다. 해방 후 문학평론가인 동생 이원조와 신석초 등 가까운 글벗들이 유고를 정리하여 〈육사시집〉을 펴냄으로써 비로소 그의 시가 알려지게 되었습니다. 그리고 오늘날 시와 삶이 다르지 않았던 진정한 민족 시인으로 높이 평가받으며 남북한에서 동시에 사랑과 존경을 받고 있습니다.

현영섭

조선어 폐지에 앞장 선 베스트셀러 저자

총독을 놀라게 한 조선인

1938년 중일전쟁 1주년을 기념하여 미나미 총독이 조선인 대표 몇 명을 초청했습니다. 조선 민중의 소리를 듣겠다며 마련한 이 자리에는 녹기연맹* 이사 현영섭도 있었습니다.

화기애애한 분위기 속에서 현영섭이 발언할 차례가 되었습니다.

"지원병 제도나 교육령 개정은 조선인에게 새로운 세계를 열어주었습니다."

미나미 총독은 고개를 끄덕이며 미소로 화답했습니다. 그런데 현영섭의 이어진 발언은 그 자리에 있던 모든 사람을 깜짝 놀라게 했습니다.

"나아가 이제는 국어(일본어)를 전면 보급하고, 조선어는 폐지시켜야 마땅합니다."

*녹기연맹
일제강점기의 친일 단체. 일제의 침략에 앞장선 교수, 학생 등이 주축이었고 조선인들도 상당수 참여했나.

미나미 총독

"아니, 그런······."

놀란 것은 조선인들뿐만이 아니었습니다. 미나미 총독도 정색을 하며 대답했습니다.

"일본어 보급운동도 조선어 폐지운동으로 오해하고 반감을 보이고 있는 실정이오. 일어 보급은 괜찮지만 조선어 전폐는 안 될 일이오."

미나미 총독은 그 자리에서 거절하는 데 그치지 않고, 이튿날 담화까지 발표하여 조선어 전폐가 불가함을 밝혔습니다. 〈경성일보〉와 〈매일신문〉은 이 일을 기사로 써서 보도했고, 현영섭의 행태는 장안의 비웃음거리가 되었습니다.

그러나 불과 얼마 뒤 일제는 관청과 학교에서 조선어 사용 금지를 결정했습니다. 조선인들도 원하고 있다는 명분을 만들기 위해, 총독부에서는 현영섭 등 몇몇 조선인에게 조선어 폐지 호소문을 보내라고 했습니다. 오매불망 기다리던 바였기에 현영섭은 즉각 응답했습니다.

'총독 각하! 내선일체* 그리고 대동아공영*을 위하여 낡은 조선어를 폐지하고 문명의 국어시대를 열어주소서……'

조선인이면서 조선적인 모든 것을 말살하기를 원했던 현영섭. 그는 어떤 길을 걸었기에 '혼을 판 진짜배기 매국노'라는 말을 듣게 되었을까요?

사회주의자에서 아나키스트로 변신

현영섭은 1907년 경성부 장사동에서 현헌의 장남으로 태어났습니다. 본명은 현영남이고 1931년 영섭으로 개명했습니다. 일본 창씨명은 아마노 미치오이며, 히라노 나카오, 쿠도 나카오 등의 이름을 쓰기도 했습니다.

아버지 현헌은 역관을 양성하기 위해 세운 학교인 관립 한성 일어학교를 졸업하여 일본어에 능통한 인물이었습니다. 일

*내선일체
1937년 일제가 전쟁 협력 강요를 위해 취한 조선통치정책. 일제는 1931년 만주사변 때 일만일체(日滿一體)라는 용어를 이미 만들어 내기도 했다.

*대동아공영
태평양전쟁 당시 일본이 내세운 대중조작 슬로건. 아시아 지역에서 공존공영의 신질서를 세운다는 기치 아래 전쟁을 정당화했다.

제의 조선 침략 시기와 맞물려 일본어 수요가 폭발적으로 늘어나자, 그는 일본에 협력하며 순조롭게 출세 길로 나아갔습니다.

경성고등보통학교 및 경성여자고등보통학교 교사로 일하던 현헌은, 아들 현영섭이 14세가 되던 해에 조선총독부 학무관 시학관에 임명되었습니다. 요즘으로 치면 교육감에 해당하는 직위이자 교육과정 정책을 담당하는 교육계의 고위관료였습니다.

부족함 없는 환경 속에서 현영섭은 일찍부터 많은 책을 읽으며 자랐습니다. 당시 3·1운동의 영향 아래 새롭게 성장한 지식인들 사이에 사회주의*가 널리 퍼지고 있었는데, 현영섭도 사회주의와 아나키즘 서적에 깊숙이 빠졌습니다.

제일고등보통학교를 졸업한 후 현영섭은 대학에 진학하라는 부모의 명을 거스르고 일본으로 떠났습니다. 유학을 한 것이 아니라 공장에 취업하여 사회주의 운동가들이 지도하던 노동조합에 가입했습니다.

그런데 뚜렷한 이유 없이 그는 2개월 만에 노동조합에서 탈퇴했습니다.

'메밀꽃 필 무렵'의 소설가 이효석이 쓴 미완성 소설 가운데,

*사회주의
한국에서의 사회주의 운동은 일제강점기 때 항일 민족운동을 전개하는 과정에서 민족운동의 한 방편으로 나타났다. 전통적 민족주의 운동에서 벗어나 계급적 사회주의 운동으로 일제에 대항하려 하였다.

누가 봐도 현영섭을 모델로 그린 작품이 있습니다. 이 소설의 주인공은 조숙하여 고등중학교 때부터 사회주의 서적을 탐독하였는데, 가정의 숨 막히는 공기를 견딜 수 없어 학교를 졸업하자마자 혁명가가 되겠다며 도쿄로 건너갑니다. 이에 그의 어머니는 송금을 끊어버렸고, 직공이 되는 등 쓴맛을 보며 아나키즘 운동을 하던 주인공은 다시 고향으로 돌아와 경성제국대학 예과에 들어갑니다.

실제로 현영섭도 이듬해 조선으로 돌아와 경성제국대학교에 진학했습니다. 이충우의 〈경성제국대학〉이라는 책에는 대학시절 현영섭의 모습이 이렇게 묘사되어 있습니다.

'최재서는 일본학생과 친한 것 뿐만 아니라 현영남(영섭)과 노는 외에는 조선학생과 가까이하지 않았다.(…)현영남은 아나키스트였다. 마르크스 관계 서적을 읽는 친구들에게 그는, 통제를 일삼는 공산주의를 가지고 무얼 하겠느냐고 공박했다. (…) 현영남도 일본학생 몇몇과 친했던 관계로 조선학생들의 눈 밖에 나기 시작했다.'

경성제국대학이 설립된 후 같은 학교에 다니면서도 조선 학생과 일본 학생은 물과 기름처럼 따로 놀았습니다. 그런데 현영섭은 몇몇 일본 학생들과 친했다는 내용인데, 그 일본 학생

旗綠

特國語常用の理念
朝鮮人ときもの問題

號月三

녹기연맹에서 발행한 친일사상교양지 월간 <녹기>

이 나중에 일본 국가주의 사상단체 녹기연맹의 주간이자, 황민문학을 만들어낸 쓰다 다께시입니다. 그리고 현영섭은 일본인들로 구성되어 있던 녹기연맹에 조선인으로서 최초로 가입하여 친일 이론가로 활약하게 됩니다.

그러나 대학생이었을 때만 해도 현영섭은 아나키즘을 신봉하고 있었고, 광주학생운동이 일어났을 때는 학내 운동을 주도하기도 했습니다.

"대학을 졸업하면 나도 바로 상하이로 가겠소."

"기다리고 있겠소. 동지가 함께 하면 조직에 큰 힘이 될 것이오."

아나키스트 원심창과 미리 약속한 대로, 1931년 현영섭은 졸업을 하자마자 중국으로 가서 남화한인연맹에 가입했습니다. 백범 김구와도 연결이 되어있던 남화한인연맹은 기관지 〈남화통신〉을 발간하여 중국과 만주, 국내 각처에 발송하여 선전활동도 하였습니다. 현영섭은 기관지에 실을 외국문헌 번역 업무를 맡았고, 사설을 집필하거나 연맹원 교육도 했습니다.

그러다 상부 지시에 따라 그해 11월 일본으로 건너갔습니다.

"현동지는 도쿄로 가서 조선노동자들의 권익보호 활동을 도우시오."

"알겠습니다."

현영섭은 동경부의 학무부 사회과에서 임시고용인으로 일하며, 아나키즘 계열의 노동조합 가운데 가장 큰 단체인 조선노동동흥회*에서 활동했습니다. 기관지 〈흑색신문〉 1934년 가을호까지만 해도 현영섭이 번역한 '노동자의 노래'가 실렸습니다.

*조선노동동흥회
1926년 9월에 일본 동경에서 결성되었던 조선인 노동조합. 반민족단체들의 착취에 맞서 조선인 노동자들의 권익을 보호했다.

급진적 친일파가 되다

그러나 이 무렵 현영섭은 이미 변하고 있었습니다. 스스로를 '쿠도 나카오'로 소개하며 일본인처럼 행동했고, 친일성향 조선인(주로 관리들)이 비공식적으로 만든 조선문제연구회 회원들과 교제했습니다.

그해 가을 현영섭은 아나키스트 운동 경력이 문제가 되어 검거 되었습니다. 실제 과격 단체에서 활동해왔음에도 불구하고 현영섭은 몇 달 후 무죄로 풀려나왔습니다. 이미 사상 전향을 한 데다, 친일관료인 아버지의 영향도 있었던 것으로 보입니다. 현헌은 1931년 조선총독부 중추원 참의에 임명되어 1936년까지 연임하였습니다.

출옥 후 현영섭은 완전 딴 사람으로 돌변했습니다. 조선을 격렬히 비판하며 친일적인 내용의 글을 쏟아내기 시작한 것입

내선일체 포스터

니다. 일제강점기 독립운동은 크게 민족주의, 사회^{공산}주의, 아나키즘의 세 계열이 이끌어가고 있었는데, 현영섭은 '이 세 가지 이상 추구 외에 살 길을 알지 못한다면 차라리 자살을 하라'며 독설을 퍼부었습니다.

"사람이 갑자기 저렇게 변할 수가 있나?"

"원래 변절자가 인정받으려고 더 극성을 부리는 법이지."

친일파들조차 눈살을 찌푸릴 정도였지만, 현영섭의 행보는 일본인의 관심을 끌었습니다.

"자네 우리 연구소에 와서 일하지 않겠나?"

경성제대 예과 교수 쓰다 사까에가, 자신이 회장으로 있던

천황주의 사상단체 녹기연맹에 들어오라고 권했습니다. 조선
인으로서는 최초로 녹기연맹 맹원이 된 현영섭은 내선일체 이
론을 정교하게 개발하고 전파하는 이데올로그*가
되었습니다.

'내內·일본와 선鮮·조선은 한몸'이라는 미나미 총독의
사탕발림을 곧이곧대로 믿는 조선인은 거의 없었습
니다. 착취를 위한 기만술일 뿐이라는 것을 간파했
기 때문입니다. 그러나 일본인과 똑같은 일본인이 되기를 바랐
던 현영섭에게 내선일체는 복음과도 같았습니다.

한때 사회주의에 빠졌고 한 때는 아나키즘을 신봉했지만,
그 어느 사상도 조선의 비루한 현실을 바꿀 수 없다고 생각했
습니다. 무능한 민족주의자들은 더 말할 필요조차 없었습니
다. 그러나 일본은 달랐습니다. 그들은 조선인의 삶을 실제로
바꿀 수 있는 힘과 능력을 가지고 있었습니다.

'그렇다! 조선인도 똑같은 일본인이 되는 길! 이 길이야말로
가장 현실적이며 발전적인 길이다!'

1938년 1월 현영섭은 그간 발표한 글을 모아 〈조선인이 나
아가야 할 길〉이라는 책을 펴냈습니다. '진실한 일본을 알기
까지: 나의 작은 체험'이라는 고백이 실려 있는 이 책은, 7개월
만에 11판까지 찍으며 연말까지 1만 부가 팔려 조선출판계에
신기록을 세웠습니다. 총독부의 지원 아래 친일조직에서 대대

朝鮮人の進むべき道

玄永燮著

綠旗聯盟版

현영섭의 글을 모아 출간한 <조선인이 나아갈 길>(1938)

적으로 구매하고 배포한 때문이기도 했으나, 3·1만세운동 후 시간이 흐르면서 조선의 독립이 어렵다는 인식이 널리 퍼지면서 현영섭의 책이 주목받게 된 면도 있습니다.

혼을 판 진짜배기 매국노

중일전쟁 발발 1주년을 맞아, 조선 내 친일단체와 개인을 총망라한 조직 국민정신총동원조선연맹*정동연맹이 결성되었습니다. 현영섭은 주사 직책을 맡았고 기관지 〈총동원〉이 창간되자 편집도 맡았습니다. 녹기연맹 회장 쓰다 사까에와 동생 쓰다 다께시도 조선의 친일 단체에서 주요 직책을 맡았습니다.

*국민정신총동원조선연맹
1938년 7월 7일 민간 사회 단체 대표자들이 총독부의 종용에 따라 결성한 친일 전시동원 선전 조직

베스트셀러 작가가 된 현영섭의 위상도 높아졌습니다. 조선의 내로라는 명사들과 함께 친일 순회강연을 다녔고 이광수, 조병옥 등 쟁쟁한 명망가들과 나란히 '시국유지원탁회의'에 참석하기도 했습니다.

1939년 초 현영섭은 〈신생 조선의 출발〉을 또 펴냈는데, 이 책 또한 베스트셀러가 되었습니다. 1권과 마찬가지로 일본을 예찬하며 언어는 물론이고 옷과 음식, 주거까지 일본과 똑같이 해야 한다는 주장을 담았습니다.

내선일체 이론을 정리한 현영섭의 글을 보고, 친일단체들의 중앙조직인 조선교화단체연합회에서 반색했습니다.

"우리에게 꼭 필요한 내용이오. 이런 좋은 글은 책자로 만들어 널리 홍보합시다!"

그들은 내선일체 이론을 홍보용 소책자로 제작하여, 7,275개 하부조직을 통해 전국에 수만 부 뿌렸습니다.

**1940년 경성부청 민원국 호적과에서
창씨개명 등록을 하는 주민들 모습**

1940년대로 들어서자 조선인 말살정책은 더욱 심해졌습니다. 녹기연맹에서는 창씨개명, 특별지원병, 징병 등 그때그때 일본 정부의 정책에 발맞추어 사상운동을 이끌었습니다. 특히 조선인 현영섭의 활약은 대단했습니다.

"아마노 미치오로 개명하겠소."

창씨개명이 실시되자 누구보다 먼저 일본식으로 이름을 고쳤고, 창씨 상담소까지 개설하여 다른 조선인들을 도왔습니다. 나아가 현영섭은 이름뿐 아니라 호적 제도를 완전히 고쳐야 한다고 목청을 높였습니다.

"일본 출신이든 조선 출신이든 본적을 자유롭게 표시할 수 있도록 해야 합니다. 그래야 출신에 따른 차별을 없어지고 진정한 하나가 될 수 있습니다!"

그러나 사실 미나미 총독이 내세운 내선일체는 일본 내부에서도 받아들여지지 않았습니다. 전쟁을 위한 병참기지에 불과한 식민지 주민들에게 자국민의 권리를 부여할 까닭이 없었던 것이지요.

그러나 현영섭은 조선인도 언젠가 진짜 일본인이 되어야 한다고 생각했고, 그 길을 앞서 열고 있다는 선구자 의식을 가졌습니다. 그는 일문잡지 〈내선일체〉를 발행하는 내선일체실천사의 이사가 되었으며, 황도학회* 이사도 맡아 신사참배를 실천하고 장려하는 강습 및 강연을 맡아 해방 직전까지 활동했습니다.

베스트셀러 저자답게 글도 부지런히 썼습니다. 1941년 〈녹기〉 4월호에 발표한 글에서는 '조선 민족의 발전적 해소야말로 일본 국가의 급무 중의 급무'라고 주장했고, '일본과 미국의 전쟁에서 조선 민족 가운데 동요하는 자가 있다면 기관총을 향하라'는 광기어린 막말도 서슴지 않았습니다.

이런 현영섭을 보고 조선인들은 '혼을 판 진짜배기 매국노'라고 손가락질 했고, 일본인조차 '눈을 가리고 싶어진다'는 말을 했습니다. 그러나 그는 남들 시선 따위 개의치 않았습니다.

'대동아공영권 실현이 멀지 않았어!'

현영섭은 베이징으로 가서 일본대사관 안에 설치된 화북반도인협회 간부를 맡아, 일본군 점령 지역 내에서 협력회라는 친일 어용단체를 만드는 데도 힘을 쏟았습니다.

꿈과 망상

현영섭은 일본이 전쟁에 진다는 생각은 꿈에도 못 했습니다. 관동군의 승리 소식만 들려오는 가운데, 태평양지구 총사령관 맥아더 장군이 일본의 포로가 되어 끌려 다니는 내용의 영화가 극장에선 인기리에 상영되었습니다. 시베리아 총독은 조선인으로 임명한다는 소문도 장안에 파다했습니다.

'나는 꿈꾼다. 반도의 청년이 대다수 임금과 나라를 위해 기쁘게 죽는 날을! 완전히 일본화 된 조선인 중에서 재상이 나오는 그 찬란한 날을!'

현영섭이 〈신생조선의 출발〉에 썼던 구절이 머지않아 실현될 것만 같았습니다.

징병제 실시가 결정되자 현영섭은 〈매일신보〉에 축하의 글을 썼고, 출진학도격려대회에 참석하여 강연을 했습니다. 일본이 항복하기 직전인 1945년 7월까지도 현영섭은 전쟁지원 순회강연에 참가했습니다.

그런데 한 달 뒤 일본이 항복하자 현영섭은 큰 충격을 받았습니다. 그런 중에도 자신이 한 짓이 있었기에 가족을 데리고 다급히 일본으로 탈출했습니다.

그 후 재일 미국대사관에서 근무하던 현영섭은 1949년 8월 반민족행위특별조사위원회*로부터 잠시 불구속 송치되었습니다. 그러나 반민특위가 해체되는 바람에 풀려나 일본으로 되돌아갔고, 대사관에서 퇴임한 후에는 영어학원을 하였다고 합니다.

일제가 고안한 내선일체라는 허깨비에 정교한 수

*반민족행위특별조사위원회
1948년부터 1949년까지 일제강점기 친일파의 반민족행위를 조사하고 처벌하기 위해 설치했던 특별위원회

식과 논리를 입힌 책으로 일제강점기에 한반도 역사상 최고 베스트셀러 저자의 자리에 올랐던 현영섭. 그는 정말 조선의 문화를 말살하면 일본인과 같아질 수 있다고 믿었을까요, 아니면 자기 자신마저 속인 것일까요. 나라와 민족을 위한다는 명분으로 사회주의, 아나키즘, 내선일체로 사상을 바꾸며 열렬히 활동했던 그의 내면에 조급한 영웅심리가 있었던 것은 아닐까요?

청년 시절 아버지의 그늘을 거부하며 집을 뛰쳐나갔던 현영섭은, 일제 말기에는 아버지와 함께 강연을 다니며 침략전쟁을 지원했습니다. 그리하여 각종 친일인명록에도 현영섭, 현헌 부자는 나란히 이름을 올렸습니다.

5

일제강점기 가장 많은 필화를 겪었던 언론인이자
조선일보 사장이었던 안재홍과,
일제와 상부상조하며 전성기를 누렸던 또 다른 조선일보 사장 방응모.
달랐던 선택과 길을 나란히 조망하며 언론의 가치와 역할을 물어봅니다.

언론 정신이냐 언론 사업이냐

안재홍
일제강점기에 가장 많이 구속된 언론인

방응모
황국신민화 시책에 앞장선 언론재벌

안재홍

일제강점기에 가장 많이 구속된 언론인

조선의 사마천을 꿈꾼 소년

"와, 기차 지나간다!"

기적이 울리자 동네 아이들은 언덕 위로 우르르 올라갔습니다. 저만치 느리게 기어가는 기차가 보였습니다.

"진짜 길다, 그치?"

"언젠가 기차 타고 경성에 꼭 가보고 싶어."

아이들 얼굴에는 호기심과 동경이 가득했습니다. 그런데 안재홍만 비판적인 투로 말했습니다.

"일본 놈들이 우리 땅에 철도를 괜히 놓았겠어? 다 꿍꿍이가 있어서 그런 거지."

열두어 살이었지만 안재홍은 신문물에 마냥 혹하지 않고 숨겨진 그림자까지 바라볼 줄 알았습니다. 일찍부터 역사와 현실에 남다른 관심을 가지고 공부해왔기 때문이었습니다.

안재홍은 1891년 경기도 진위군^{평택군} 고덕면에서 아버지 안윤섭과 어머니 홍 씨 사이의 팔남매 가운데 차남으로 태어났습니다. 풍족한 환경 속에서 안재홍은 여섯 살 때 할아버지로부터 천자문을 배우고, 서당에 다니며 사서삼경과 동양고전을 두루 섭렵했습니다.

황성신문 및 독립신문을 구독하였던 아버지는, 어린 안재홍에게 인근 고장의 유적과 역사에 대해 이야기 해주곤 했습니다.

"저기 저 삿갓처럼 생긴 산이 보이지? 그 아래 충무공 이순신 장군의 묘가 있느니라……."

그러면서 왜적이 침입했을 때 이순신 장군이 어떤 활약을 했는지 자세히 들려주었습니다.

한편 안재홍이 네 살 때 청일전쟁*이 일어났는데, 평택 소사벌은 최대 격전지였습니다. 안재홍의 집 마당에서 우물물을 길어다 먹었던 동네 사람들이 우물가에서 주고 받는 청일전쟁 때의 생생한 체험을 들으며, 안재홍은 역사와 현실에 더욱 관심을 가지게 되었습니다.

특히 중국 최초의 방대한 역사서 〈사기^{史記}〉를 읽고 깊은 감명을 받은 소년 안재홍은 주위 사람들에게 말했습니다.

"나도 나중에 조선의 사마천이 되고 싶어요."

*청일전쟁
1894~1895년 조선의 지배를 둘러싸고 중국(청)과 일본 간에 벌어진 전쟁

안재홍

훗날 안재홍이 조선의 역사를 바로 세우려 애쓴 것은 우연한 실천이 아니었습니다. 어린 시절부터 마음에 심어졌던 생각의 씨앗들이, 때가 되자 싹 트고 자라나왔던 것입니다.

신학문을 공부하며 현실 참여의 길로

열다섯이 되던 해 안재홍은 화성의 부잣집 딸 이정순과 혼인했습니다.

격변하는 시대에 신학문을 공부하기 위해 안재홍은 서울로 가서 황성기독교청년회* 중학부에 들어갔습니다. 이곳에서 이상재, 신채호 등 평소 존경해왔던 항일 지사들로부터 배우며 긍지를 가지고 삼 년 간 공부했습니다.

*황성기독교청년회 1903년 서울에서 창설되었던 기독교 청년단체. 교육, 계몽, 선교에 목적을 두었다.

그런데 스무 살이 되던 해 조국이 일본의 식민지가 되었습니다. 가슴에 울분이 가득했으나 안재홍은 현실적으로 아무 힘이 없었습니다.

"미국으로 유학을 떠나 우선 실력을 기르려고 합니다."

스승 이상재에게 상의하자 그는 일본행을 권했습니다.

"동양 정세를 먼저 공부하는 것이 어떻겠나? 일본의 국정에도 어두워서는 안 되네."

부친의 생각 또한 그러했기에 안재홍은 일본으로 유학을 떠나게 되었습니다. 아오야마 학원에서 어학준비 후 와세다대학에 입학한 안재홍은 학과 공부 외에 역사학, 인류학, 문학 등 다양한 분야의 책을 밤새 읽어 책벌레로 소문이 났습니다. '민중의 세상'이라는 뜻인 '민세民世'를 자신의 아호로 지은 것도 이무렵이었습니다.

안재홍은 유학생들을 활발히 만나고 다니며 '조선인유학생학우회'를 창립해 주요 역할을 했습니다. 학우회에 모인 조선 학생들은 민족의식을 서로 일깨웠고, 정기총회 등 모임이 있을 때마다 항일의식은 더욱 높아졌습니다.

졸업을 앞두고 상하이로 밀항한 안재홍은 독립운동단체 동제사*에 가입했습니다. 그런데 70일 동안 중국을 여행하며 독립운동가들을 두루 만나본 안재홍은 경제적 토대가 없는 해외 독립운동의 한계를 절실히 느꼈습니다.

'나는 무슨 일이 있어도 우리나라 땅에서 독립운동을 해야겠다.'

이렇게 결심한 안재홍은 일본으로 돌아와 대학을 졸업했습니다. 귀국하여 중앙학교 학감으로 취직을 했는데, 얼마 후 총독부에서 학교에 압력을 넣었습니다.

*동제사
1912년 7월 중국 상하이에서 우리나라 독립지사들과 교포들이 조직한 최초의 한국인 독립운동 단체이다. 1919년 상하이 임시정부가 수립되기 전까지 중국내 독립지사들의 구심체 역할을 했다.

"안재홍이 학생들에게 불온한 사상을 심어주고 있다는 정보가 있소. 즉시 조처하지 않으면 학교에 불이익이 있을 것이오."

어쩔 수 없이 안재홍은 학교를 나와야 하는 처지가 되었습니다. 이 무렵 그는 민족종교인 대종교에 귀의하였고, 3·1만세운동이 일어났을 때는 평택에서 학생들의 참가를 지도하였습니다.

만세운동 후 상하이에 대한민국 임시정부가 세워졌습니다. 중국의 독립운동 상황을 잘 알고 있던 안재홍은 '대한민국청년외교단'이라는 비밀단체를 만들고 총무를 맡았습니다. 비밀리에 독립운동자금을 조성하고 임시정부에 전달하는 활동을 펼치던 중 경무부에 단체가 발각되어, 안재홍과 동지들은 체포되고 말았습니다. 이때 혹독한 고문을 받아 안재홍은 평생 허리가 아파 고생했습니다.

언론을 통한 민족운동

출옥 후 안재홍은 〈시대일보〉 창간에 참여하고 기자로 입사했습니다. 첫 사설부터 일제를 조목조목 비판하며 날카로운 필봉을 휘둘렀으나, 신문사에 분규가 생겨 얼마 후 회사를 나

이상재 조선일보 4대 사장

오게 되었습니다.

그 무렵 와세다대학에서 함께 공부했던 신석우가 찾아와 자신이 조선일보사를 인수하게 되었다고 말했습니다. 당시 조선일보는 친일단체인 일진회 회장 송병준의 소유였는데, 여론 때문에 직접 나서지 않고 뒤에서 경영만 하고 있었습니다. 그런데 적자가 이어지고 기사 때문에 총독부 눈총만 받다 보니 신문사를 매각한 것이었습니다.

"안 형이 조선일보 주필을 좀 맡아 주겠소?"

스승인 월남 이상재가 사장직을 수락하였다는 말에 안재홍은 더욱 반가워하며 흔쾌히 제안을 수락하였습니다.

이리하여 새롭게 출발한 혁신 조선일보는 최초로 조·석간 6면을 발행하고 여기자를 채용했으며, 부인란을 만들고 만화를 연재하는 등 대중의 눈길을 사로잡았습니다.

연일 일제를 비판하는 날카로운 글로 조선인들의 속을 시원하게 해주던 안재홍은, 1925년 '조선기자대회'에서 부의장으로 선출됨으로써 명실상부한 언론계 중추가 되었습니다.

그러던 어느 날 안재홍을 찾는 한 통의 전화가 걸려왔습니다.

"나는 의열단에서 활동하는 나석주라는 사람이오."

그는 동양척식회사를 폭파할 것이라며 계획을 자세히 말했고, 자신의 뜻을 편지로도 써서 조선일보로 발송했습니다. 폭탄이 터지지 않아 거사는 성공하지 못했고 나석주는 권총으로 자결해 순국하고 말았지만 조선일보는 그의 기사를 4회나 계속 내보냈습니다.

"안재홍이는 범 같은 녀석이다. 그놈이 있는 이상 나는 서장 노릇도 못해 먹겠다!"

종로경찰서장은 신문을 압수하고 책임자를 소환했으나 비협

조적인 안재홍 때문에 분통을 터뜨렸습니다.

얼마 뒤 총독부는 안재홍이 쓴 논설이 '일본 황실을 모독하는 전례 없는 불경'이라며 신문을 전부 압수하고 출판과 배포를 금지시켰습니다.

1928년 1월에도 일제의 감옥 제도와 고문을 비판한 사설 때문에 조선일보는 전량 압수되었고 안재홍은 4개월 동안 감옥에 갇혔습니다. 그런데 출옥하자마자 쓴 사설 때문에 안재홍은 8개월 옥살이를 더 했습니다. 신문사도 무기정간을 당하는 바람에 가뜩이나 어렵던 재정이 더욱 어려워졌습니다.

만기 출옥 후 안재홍은 조선일보 부사장이 되었습니다. 월남 이상재가 고령으로 사망한 이후 사장은 신석우가 맡고 있었습니다. 경영난에도 불구하고 조선일보는 뜻 깊은 민족운동을 펼치기 시작했습니다. 일제의 우민화 정책과 야학 탄압으로 조선인 80%가 글자를 모를 정도로 문맹률이 높았는데 〈한글원본〉을 발행하며 문맹퇴치에 나선 것입니다.

"아는 것이 힘이다. 배워야 산다!"

이 표어를 내걸고, 조선일보는 방학동안 고향에 가는 중등학교 학생들로 하여금 한글을 가르치며 민족운동을 하게 하였습니다.

그런데 그해 12월 안재홍은 민중대회 사건으로 네 번째 구속되었습니다.

신간회와 조선학 운동

1931년 안재홍은 조선일보 사장이 되었습니다.

"어떻게든 안재홍을 조선일보에서 쫓아내야 한다."

일제는 신문사를 문 닫게 할 구실을 찾느라 혈안이 되었습니다. 조선일보사가 신간회와 깊이 연관되어 있었기 때문입니다.

신간회는 1927년 만들어진 좌우 합작 민족주의 단체인데 안재홍, 신석우 등 조선일보 사람들이 중심이 되어 이끌고 있었습니다. 짧은 시간에 신간회는 사만 여 회원과 전국 백수십 개 지회가 있는 국내 최대 단체로 성장했습니다. 각 지회에서는 웅변대회와 연설회를 개최했고 야학과 강좌를 열었으며, 소작료 및 소작권보호운동 등 생존권을 지키는 활동도 했습니다. 조선일보가 각종 활동을 홍보하고 지원하며 사실상 기관지 역할을 하였습니다.

신간회 규모가 커지자 일제는 간부들을 몽땅 검거하는 등 탄압에 나섰습니다. 그러자 신석우는 중국으로 망명했습니다.

1927년 9월 25일 신간회 나주지회 창립대회에 참석한 안재홍
(첫 번째 줄 오른쪽에서 일곱 번째)

"나는 해외에서 항일 투쟁을 계속 하려고 하네. 자네가 조선일보를 맡아주게."

이리하여 조선일보 사장이 된 안재홍은, 고향의 25섬지기 땅을 팔아 직원들 봉급을 주는 경영난 속에서도 당대 최고의 지식인을 필진으로 영입하여 조선학 운동을 펼쳤습니다.

그러나 일제는 조선일보에서 만주동포 구호 의연금을 유용했다는 혐의를 조작하여 사장 안재홍과 영업국장을 기어이 구속했습니다. 결국 안재홍은 옥중에서 사장직을 내놓아야 했고, 조선일보는 고리대금업자에게 넘어가고 말았습니다.

조선일보에 입사하여 떠날 때까지 8년 동안 안재홍은 사설 980여 편, 시평 470여 편 등 모두 1450편에 이르는 방대한 글을 썼습니다. 동서고금의 지식을 해박하게 활용하며 현실 문제를 날카롭게 꿰뚫는 그의 글을 사람들은 '민세체'라 부르며 속시원해 했습니다.

형기를 마친 안재홍이 출옥하였으나 더 이상 활동할 곳이 없었습니다. 그가 감옥에 있는 동안 조만식이 조선일보 사장을 맡았으나 경영난을 감당 못해 광산재벌 방응모에게 신문사를 넘겼고, 1933년 4월부터는 방응모 체제의 조선일보가 발행되었습니다.

'최선이 아니면 차선의 활동이라도 해야 한다. 문화가 살면 민족은 죽지 않는 법. 조선학 운동을 펼쳐 민족정기를 살리

자.'

안재홍은 건강을 돌볼 겸 구월산을 오르내리며 민족사 집필을 구상했습니다.

그러다 정약용의 〈여유당전서〉를 한글로 해석하고 번역해달라는 부탁을 받아 작업을 하던 중, 임시정부 내통혐의로 잡혀가 2년 동안 또 감옥살이를 했습니다.

출옥 후 안재홍은 고향으로 내려가 칩거하며 한국사를 집필했습니다. 그러나 일제는 안재홍을 그냥 내버려두지 않았습니다. 오래 전 구성되었으나 활동이 전혀 없던 흥업구락부사건으로 얽어서 그를 또 잡아갔고, 3개월 후 불기소 처분을 받고돌아오자 이번에는 난징 군관학교에 학생을 추천한 건으로 구속했습니다.

초기에 독립운동을 했던 사람들도 줄줄이 변절하였던 일제 말기. 그러나 창씨개명 강요에도 조선 명사들을 동원한 강연회 참가 요구에도 꿈쩍하지 않는 안재홍이 일제에겐 눈엣가시일 수밖에 없었습니다.

해방정국에서도 최선을 다한 삶

'너희가 내 몸은 가둘 수 있어도 정신은 어쩌지 못한다.'

옥중의 안재홍

안재홍은 출옥하자마자 〈조선통사〉 집필에 몰두했습니다. 일본의 역사 왜곡에 대항하여 한민족의 자주적인 역사를 세우려는 치열한 역사투쟁이었습니다.

그러다 안재홍은 조선어학회사건*으로 다시 구속되었습니다. 기소된 16명 가운데 두 사람이 심한 고문과 추위, 배고픔으로 사망할 만큼 이 사건은 악랄한 처우로도 유명했습니다. 영하 20도를 오르내리는 콘크리트 감방에서 백여 일 동안 서서 지내

*조선어학회사건
조선 민족 말살 정책에 따라, 한글연구를 한 학자들을 민족의식을 고양시켰다는 죄목으로 일제가 탄압·투옥한 사건

는 고통을 너무도 견디기 힘들어, 많은 옥고를 치른 안재홍도 죽음을 생각하며 '절명시^{絶命詩}'를 썼을 정도였습니다.

불기소 처분으로 석방이 되긴 했으나 대화숙^{출옥한 사상범을 감시하는 기관}에서 밤낮으로 안재홍을 감시했습니다.

해방이 도둑처럼 왔다는 말도 있지만, 현실을 늘 깨어서 주시하고 있었던 안재홍은 일제의 패망을 일찍 예상했습니다.

"갑자기 해방이 되면 큰 혼란이 옵니다. 민족주의 진영이 주류가 되어 해방된 나라를 이끌 수 있도록 지금부터 조직을 갖추고 역량을 모읍시다."

1944년에 민족주의 계열 지도자 송진우를 찾아가 제안했지만, 그는 안재홍이 권력 욕심을 가진 것으로 의심하여 거절했습니다.

"그런 때가 오면 대한민국 임시정부가 환국하여 집권하면 될 것이오."

이리하여 민족주의 진영은 아무 준비 없이 해방을 맞았습니다.

그런데 사회주의 계열의 지도자 몽양 여운형의 생각은 안재홍과 같았습니다. 두 사람은 해방이 되기 훨씬 전에 총독부 고위층을 만나, '민족자주', '호양협력', '마찰방지' 3원칙을 보장해 달라고 요구했습니다.

"일본이 전쟁에 져서 항복할 경우 갑자기 큰 혼란이 올 수 있습니다. 충돌이나 유혈사태가 벌어지면 일본인은 물론이고 조선인들도 다칠 수 있어요. 그런 사태가 벌어지지 않도록 미리 대비해야 합니다."

총독부에서도 처음에는 긍정적 반응을 보였습니다. 그런데 얼마 후 별안간 태도가 돌변하여 두 사람을 구속하겠다고 협박했습니다. 일본 폭력배가 두 사람을 죽이려고 암살단까지 조직하여, 해방 전 몇 달 동안은 숨어 지내야만 했습니다.

1945년 8월 15일 일본은 연합국에 항복했습니다. 해방 당일 여운형 위원장과 안재홍 부위원장 체제의 조선건국준비위원회가 즉시 출범했습니다. 언론인 송건호는 저서 〈역사에 민족의 길을 묻다〉에서 당시 안재홍의 모습을 이렇게 기록했습니다.

해방 다음날인 1945년 8월 16일 오후 늦게 종로 계동 휘문중학 교정에 운집한 시민들 앞에서 말할 수 없이 초라한, 어떻게 보면 걸인 같은 모습의 한 50대 중반의 신사가 해방된 민족의 앞날에 관하여 열변을 토하고 있었다. 얼굴이 영양실조와 고생으로 윤기 없이 까맣게 탄 이 노신사야말로 민중이 존경해 마지않는 민족지도자 안재홍이었다. 삼엄한 일제의 총검 치하에서, 그들의 온갖 유혹과 협박을 물리치고 끝내 조선민족의 양심을 지킨 민족지도자 민세 안재홍의 있는 그대로의 모습이었다.

건국준비위원회 수립 장면(1945년 8월 17일, YMCA 건물)

1947년 민정장관에 취임한 안재홍이 38선 경비대 순시를 하고 있다.

안재홍은 일제강점기 때의 신간회 운동처럼 해방 후에도 민족주의와 사회주의가 통합하여 하나의 국가를 세워야 한다고 애타게 호소했습니다. 그러나 이승만 계열은 말할 것도 없고 김구의 임시정부 역시 좌우합작을 배타시했습니다.

결국 한반도 남과 북에 두 개의 국가가 세워졌고, 남한의 대통령이 된 이승만은 독재의 길로 들어섰습니다.

"독재를 막고 통일의 길로 나아가야 합니다. 그러기 위해 진보민족주의 세력을 형성해야만 합니다!"

1950년 5월 국회의원 선거 때 평택에서 무소속 후보로 출마하여 안재홍은 압도적인 표로 당선되었습니다. 그런데 다음 달 한국전쟁이 터졌고, 북한군 보위부에서 그를 납치했습니다.

그 후 북한에서 평화통일협의회 최고위원으로 남북통일을 위해 애썼던 그는 1965년 3월 1일 75세를 일기로 평양에서 별세하였습니다. 북한에서는 벽초 홍명희가 장례위원장을 맡아 장례를 치렀고, 남한에서는 진명여고 강당에서 9일장으로 유해 없는 추도식이 거행되었습니다.

일제강점기에 진실을 말하다 가장 많은 고난을 당했던 언론인 안재홍. 그는 부유한 집안에서 태어났지만 재물을 좇지 않고 평생 가난하게 살며 한민족 공동체가 함께 살 길을 찾기 위해 노력했습니다. 그런데 스스로 월북한 것으로 잘못 알려져 남한의 반공주의 정권에서 안재홍의 이름은 오래 언급조차 되지 못하다가, 1989년에야 건국공로훈장 대통령장이 추서되었습니다.

현재 평택 두릉리 안재홍 생가는 경기도 기념물로 지정되어 보존되고 있으며, 일제 치하에서도 높은 민족적 자긍심을 지켰던 민세의 삶과 정신을 배우려는 후손들의 발길과 탐구가 끊이지 않고 있습니다.

방응모

황국신민화 시책에 앞장선 언론재벌

가난했던 인생 전반기

"세상이 이토록 개화하였구나!"

평안도에서만 살다가 경성을 처음 방문한 열일곱 살 방응모는 커다란 문화 충격을 받았습니다. 휘황한 전깃불과 시내를 오가는 전차, 신문물이 넘치는 활기찬 도시 풍경은 지금껏 알아왔던 세상과 딴판이었습니다.

'세상은 이렇게 변하고 있는데 나만 뒤떨어져서는 안 되겠구나.'

방응모는 이때부터 독학으로 신학문을 공부했고 일본어, 중국어, 수학도 익혔습니다.

계초 방응모는 1883년 평안북도 정주군에서 농부 방계준의 차남으로 태어났습니다. 가난하여 학교에는 다니지 못했고 마을 서당에 드나들며 한학을 배웠습니다.

방응모

열다섯 살에 이웃마을 처녀 승계도와 혼인을 한 후 방응모는 분가를 하여 정주군 고안면 심천리에서 살았습니다. 그런데 그는 열일곱 살에 아내에게 말도 없이 집을 떠나 함경도에 서당을 차리고 훈장 생활을 했습니다. 방응모의 첫 부인과 두 번째 부인이 공통적으로 말하길 '성공 욕구와 출세욕이 대단히 강한 사람'이었다고 했는데, 십대 때부터 남달랐던 면모를 볼 수 있습니다.

1910년 일제의 조선 강점 후 정주 읍내 변호사 사무소에 취직한 방응모는, 손님들을 대신하여 관청 법률 행위에 필요한 서류를 작성해 주었습니다.

'언제까지 남의 밑에서 일을 할 것이 아니라 내 사업을 해보자.'

방응모는 자신의 집을 이용해 여관업을 시작했습니다. 수입은 그리 신통치 않았던 것 같지만 마흔 살 이전의 삶은 거의 알려져 있지 않습니다. 그의 행적을 보여주는 자료가 별로 없고 방응모 자신도 밝히지 않았기 때문입니다.

1922년 방응모는 새로 창간되어 한창 주목받던 동아일보 정주 분국을 인수했습니다. 이듬해 지국으로 승격이 되면서 방응모는 동아일보 정주지국장이 되었고, 이때부터 지역유지로서 사회활동에 참여하기 시작했습니다.

한편 3·1운동 후 민족지도자들은 조선인들에게도 고등교육

*민립대학설립운동
1920년대 초반 실력
양성운동의 일환으
로 이상재, 윤치호
등이 고등교육기관인
민립대학을 설립하
려고 전개한 운동

의 기회를 주고자 민립대학설립운동*을 펼쳤습니다. 동아일보사는 민족의 생명운동이라며 크게 보도하며 밀었고, 방응모도 동아일보 지국장으로서 정주지부 상무위원을 맡아 민족운동에 동참했습니다.

그런데 신종 유망업종인 줄 알았던 신문사 지국 경영은 힘들기만 했습니다. 방응모가 워낙 자본 없이 신문사 지국을 인수한 데다, 사람들이 구독료를 잘 내지 않아 온갖 어려움을 겪어야 했습니다. 나중에는 빌린 돈을 갚지 못해 가산을 차압당하는 수모까지 겪고 2년 만에 방응모는 동아일보 지국 경영을 포기하게 되었습니다.

그 무렵 두 친구가 금광 채굴 사업을 함께 하자고 찾아왔습니다.

'일생일대의 마지막 기회다. 무슨 일이 있어도 꼭 성공해야만 해!'

방응모는 집문서를 저당 잡힌 돈으로 삭주군 교동의 폐광을 불하받아 덕대 생활을 시작했습니다. 덕대란 남의 광산을 전세 내어 일부 빌려서 돈을 내고 채굴하는 것으로, 영세업자들이 흔히 사업을 시작하던 방식이었습니다.

금광왕에서 언론 사업가로 변신

　2년 넘게 자금을 쏟아 부었지만 금은 나오지 않았습니다. 지친 동업자들은 손해만 본 채 결국 손을 들고 나가버렸습니다. 그러나 방응모는 빌린 돈이 워낙 많아 포기조차 할 수 없었습니다. 좁쌀죽으로 연명하며 작업을 계속하던 그는 3년째에 마침내 엄청난 금맥을 발견했습니다.

　"노다지다, 노다지! 그럼 그렇지, 지가 안 나오고 배기겠어?"

　방응모의 기쁨은 이루 말로 표현할 수 없었습니다.

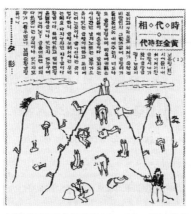

시대상 황금광시대 (조선일보 1932년 11월 26일자)

그는 막대한 투자금을 끌어와 최신 생산설비를 갖추고 회사 조직도 체계화 했습니다. 교동광산은 나날이 발전하여 방응모는 천 명 이상의 광부를 거느린 조선 굴지의 금광왕이 되었습니다.

그러던 어느 날 조만식이 방응모에게 뜻밖의 제안을 했습니다.

"계초, 조선일보를 맡아 경영해보면 어떻겠소?"

안재홍 사장이 구속된 후 어려움에 빠진 조선일보에서 조만식을 사장으로 임명했는데, 그는 9개월 동안 고생만 실컷 했을 뿐 경영난을 타개할 수 없었습니다. 그래서 안면이 있던 신흥 재벌 방응모에게 신문사 인수를 권한 것이었습니다. 두 사람은 정주에서 민립대학 설립운동을 할 때 알았던 사이였습니다.

"좋습니다. 일단 경영상태를 좀 살펴보도록 하지요."

방응모는 조만식의 제안에 긍정적으로 대답했습니다. 광산은 여전히 잘 되고 있었지만, 금이 나오는 데도 한계가 있을 것이었습니다. 다른 사업으로도 눈을 돌려볼 시점이라고 그는 판단했습니다. 가난했던 시절 동아일보 지국을 운영하면서 겪었던 온갖 수모도 언론사 경영 결심에 한몫을 했습니다.

방응모는 조선일보 인수 자금을 마련하기 위해 교동광산을 일본 중외광업주식회사에 팔아 당시 기와집 1,350채 값인 135만 원을 받았습니다. 그는 동아일보에서 활약하고 있던 이광

수, 서춘 등 고향사람들을 부사장과 주필로 스카우트했고, 기자들도 무더기로 빼와 처음부터 공격 경영을 펼쳤습니다.

1933년 4월 방응모는 혁신호 백만 부를 찍어 전국에 뿌렸습니다. 종이가 귀했던 시절 조선일보 무료 배포는 큰 화제를 모았습니다. 방응모는 태평로 1가의 이왕직^{옛 대한제국 황실} 땅 1,400평을 사들여 근방에서 가장 높은 4층 사옥을 지었으며, 신문발행에 필요한 최신 설비 마련에도 돈을 아끼지 않았습니다. 신문사 전용 비행기를 구입하여 수해가 났을 때 구호사업을 대대적으로 이끄는 등 홍보 수단으로 다양하게 활용하고, 눈에 띄는 이벤트를 연속 기획하여 대중의 눈길을 끌었습니다.

조선일보의 광고 수익은 늘어났고 사세는 갈수록 확장되었습니다. 혜성처럼 등장한 언론 사업가 방응모는 저녁이면 명월관, 식도원을 다니며 내로라는 유력한 사람들과 사교 생활을 하고, 재벌과 고위관료와 일본인들을 만나느라 하루가 짧았습니다.

방응모는 총독부에도 일찌감치 고사포와 기관총을 자발적으로 헌납했습니다. 만주와 연해주 일대에서 항일투사들이 목숨 걸고 일본군과 싸우고 있을 때 엄청난 무기를 적에게 뇌물로 바친 셈입니다. 항공기를 공격하는 대포인 고사포와 연속 사격을 하는 기관총은 너무 비싸서 조선 의병이나 항일유격대가 꿈도 꿀 수 없었던 무기였는데 말입니다.

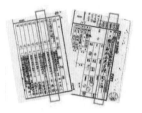

방응모 등 20여 명이 고사포와 중기관총을 헌납했다는
일본 육군성 문서(1933년 4월 15일)

일장기 밑의 조선일보 제호

일제와 상부상조하며 전성기를 누려

방응모 사장 취임 몇 달 후 조선일보에는 일본 왕실을 찬양하고 황태자의 탄생을 축원하는 사설이 커다랗게 실렸습니다.

"드디어 조선일보가 국민의 입장으로 바뀌었군."

총독부는 긍정적 평가를 내놓았습니다. 여기서 국민은 물론 '천황폐하의 신하된 백성'을 뜻하는 '황국신민'의 준말입니다.

일제는 남산에 일본 건국 신화의 주인공을 모신 신궁을 세우고 조선인들을 강제 참배를 하게 했습니다. 그 조선 신궁 설립 10주년을 기념하는 '조선신궁봉찬회'에 발기인 겸 고문이 되는 것을 시작으로, 방응모는 각종 친일단체에 빠짐없이 이름을 올리기 시작했습니다.

총독부와 원만한 관계를 유지하며 방응모는 〈조광〉·〈여성〉·〈소년〉 등의 월간 잡지와 〈소년조선일보〉를 차례로 창간하였습니다. 동방문화학원을 설립하고 이사장에 취임하는 등 굴지의 자본력을 바탕으로 방응모는 국내 최고의 언론문화계 권력자로 화려하게 부상했습니다.

사업가로서 방응모의 배짱과 경영 수완은 확실히 남달랐습니다. 일제로부터 갯벌 간척사업 허가를 받아내어 수원에 97만 평의 땅을 매립했고, 이곳에 고향 사람들을 이주시켜 방농장을 경영하여 수천 석 쌀을 소작료로 거두었습니다. 또 함경도 일대에 조선총독부 소유의 국유림 3,200만 평 이상을 임대하여 나무도 심었습니다. 나무가 자라면 제지공장을 세워 조선일보 종이를 자체 충당할 계획이었습니다.

1937년 일본이 중국 본토 침략에 나서자, 조선일보는 즉각 협력과 후원에 나섰습니다.

"일본군, 중국군, 장개석 씨 등으로 써서는 안 됩니다. 일본군은 아군이나 황군으로, 중국은 지나로, 장개석으로 바꿔야 해요. 일본 국민의 입장으로 논설을 써야 합니다."

중일전쟁 발발 직후 열린 조선일보 간부회의에서 주필 서춘이 용어를 바꾸자고 주장하자, 편집국장과 영업국장이 반대했습니다.

"하지만 우리는 조선인이지 일본인이 아니지 않습니까?"

"맞습니다. 독자들의 반발이 심할 겁니다."

그러나 사장 방응모는 서춘의 손을 들어주었습니다.

"아니야, 서 주필 말이 일리가 있어. 일장기 말소사건으로 동아일보는 몇십만 원이나 손해를 봤거든. 지금은 3·1운동 때처럼 신문이 민중을 지도할 수 있는 때가 아니란 말이지."

방응모는 돈을 벌고 사업을 키우는 일에 누구보다 열심이었으나, 언론의 역할이나 시대정신에는 관심이 없었습니다.

중일전쟁 시작 후 일본이 베이징, 톈진 등 북부 주요도시들을 순식간에 점령해 나가자 조선일보는 중계방송 하듯 승전보를 알렸습니다. 전쟁을 후원하자는 사설을 썼고, 조선일보 직원들이 솔선수범하여 헌금하며 신문사에서 국방헌금과 위문금을 접수하니 국민들은 많이 참가하라고 공고했습니다.

그런데 초기에 승승장구하던 일본군은 중국군의 저항으로 두 달 동안 몹시 고전했습니다. 그러자 그들은 수도 난징으로 진격하여 6주 동안 남녀노소 가리지 않고 민간인 삼십만 명을 잔인하게 죽이는 난징대학살을 저질렀습니다. 당시 외국 기자들은 참상을 다투어 보도했으나, 조선일보는 난징 함락 축하 기사만 대대적으로 내보냈을 뿐 학살에 대해서는 한 마디도 하지 않았습니다.

난징대학살-누가 먼저 100인을 베는지 시합했다는 마이니치 신문기사(1937년)

조선일보 지면은 갈수록 노골적인 친일 기사로 채워졌습니다. 몇 문장만 뽑아 봐도 신문의 성격을 알 수 있습니다.

'한일합방은 조선의 행복 위한 조약'
'천황폐하께 조선 출신 범인(犯人) 이봉창이 폭탄 던졌으나 무사히 환궁하시었다'
'데라우찌 총독은 조선의 대근원 기초한 위대한 창업공신'
'일제의 30년 조선통치로 〈문화조선 건설〉 결실'
'〈조선사상범 보호관찰령〉 잘 운용해야 항일운동 근절 가능'

해마다 1월 1일이면 1면 조선일보 상단에 일왕 부처의 사진과 요란한 찬양 기사도 실렸습니다. 일왕 생일을 기념하는 명치절에는 축하행사를 소개하고 찬양 사설을 싣는 한편 일본 왕실에 충성을 맹세하는 〈황국신민서사〉를 일본어로 게재하였습니다.

일본 왕 부부를 찬양하는 조선일보(1936년 1월 1일자)

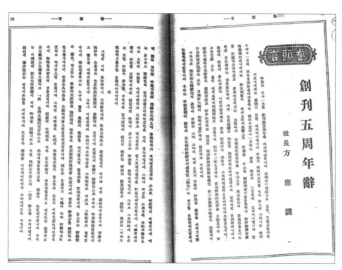

침략전쟁에 적극 협력할 것을 다짐한
방응모 사장의 창간 5주년사(월간지 <조광> 1940년 11월)

적극적인 친일 활동

사주 방응모의 친일 행보도 갈수록 과감해졌습니다.

'경성군사후원연맹'의 위원, '애국금차회* ' 발기인, '조선문예회* ' 회원, '조선춘추회* ' 창립발기인이자 간사 등 온갖 주요 친일단체 앞자리에 참가했습니다.

경성방송국에 출연하여 직접 시국강연도 했습니다.

"지나는 쓸데없이 일본 배척을 일삼고 제국에 도전하여 극동의 평화를 교란시키고 있습니다. 그래서 일본 제국이 모든 화의 원인이 되는 지나의 배일을 절멸시켜 극동의 평화를 확립시키려는 것입니다."

지나는 일본이 중국을 낮추어 부르던 명칭입니다. 방응모는 전쟁의 책임을 중국에 돌리며 일본의 침략전쟁을 옹호하였습니다.

친일 명사들이 총망라된 전국시국강연회에도 참가하여, 방응모는 경기도지역을 순회하며 일제의 침략전쟁에 협력을 당부했습니다.

조선인의 육군지원병 제도가 만들어지자 조선일보 지면에는

*애국금차회
1937년 서울에서 조직된 친일단체. 상류층 부녀와 중견 여류에 의해 조직. 금비녀 등 금제 장신구의 헌납, 군인 환송연 위문등 황군 원호의 강화를 설립 목적으로 함.

*조선문예회
1937년 친일문예단체. 건전가요, 친일가곡, 시 편찬

*조선춘추회
1938년 조선총독부 언론통제정책에 협조하기 위해 신문사 25개사로 조직된 모임

208

즉각 환영과 축하의 글이 실렸고, 사주 방응모는 '조선지원병제도 제정축하회'의 발기인으로 참가했습니다. 일제의 침략전쟁에 동포 청년들을 내보내는 데 찬성하고 박수치며 앞장섰을 뿐 아니라, 그는 서대문경찰서와 파출소 등의 신축기금도 기부하여 조선총독부로부터 포장을 받았습니다.

그런데도 1940년 조선일보와 동아일보 폐간 결정이 내려졌습니다. 중일전쟁을 하느라 물자가 부족해서 일본 내의 신문사도 절반 이상 폐간한 시점이었습니다.

"꼭 그래야만 합니까?"

시종일관 일제의 비위를 맞추어 왔던 방응모로서는 섭섭함을 감출 수 없었습니다.

"강제 환수하는 것도 아니고 비용을 지불하지 않소? 국가 시책이니 협조해 주기 바라오."

조선총독부에서는 조선일보에 60만 원 동아일보에 30만 원을 시불하겠다고 했습니다. 그러나 방응모와 동아일보 사장 김성수가 항의하여 20만 원씩 더 올려주었습니다.

신문이 폐간되자 방응모는 잡지 〈조광〉사의 사장으로 취임했습니다. 그 후 잡지는 구석구석 친일 인사들의 글로 채워졌습니다. 방응모는 기념사나 권두언책의 머리말을 직접 쓰기도 했는데, 그 글들은 하나같이 친일의 성격이 강했습니다. 일본이 중심이 된 세계 신질서 건설을 부르짖고, 징병제 실시를 거듭 촉

'국방헌금과 위문금을 내자'
1937년 9월 12일자 조선일보

구하고 열렬히 환영했으며, 한일합방을 구국의 결단으로 극찬
했습니다.

일제 침략전쟁 비용 마련을 위해 방응모는 다른 명사들과
함께 소액전시채권을 길거리에서 직접 판매하기도 했습니다.

"총후^{전쟁 후} 봉공^{나라나 사회를 위해 힘써 일함}은 채권으로부터!"

방응모는 강연을 통해 조선인들에게 헌금과 공출을 권유했
고, 배영 궐기대회에서는 황군 만세를 선창하기까지 했습니다.

"천황폐하의 군사 만세! 황군 만세! 만세!"

방응모는 1944년에도 일본군의 전쟁 무기를 만드는 조선항공공업주식회사에 자본을 출자하여 창립발기인이자 감사로 활동하는 등 꾸준히 협력을 계속했습니다.

해방 후의 변신

그런데 이듬해 갑자기 일본이 연합군에 항복했습니다.

해방 직후에는 친일파를 단죄하자는 사회 분위기가 높았습니다. 그래서 친일했던 사람들은 피신하거나 움츠리고 있었는데, 미군정이 친일세력을 요직에 앉히고 비호함으로써 사회 분위기는 곧 바뀌었습니다.

조선일보도 1945년 11월 23일 다시 신문을 펴내며 방응모의 이름으로 '속간에 즈음하여'라는 글을 발표 했습니다. 그런데 첫머리에 '하늘과 민중이 조선일보 재건을 엄숙히 명하다'라고 하였습니다.

'우리는 그래도 가끔 정부를 비판하는데 조선, 동아일보는 받아쓰기만 한다'고 총독부 기관지인 매일신보가 꼬집었을 정도입니다. 그렇게 일제의 나팔수 노릇을 해놓고 하늘과 민중의 명을 들먹인 것은 뻔뻔한 일이 아닐 수 없습니다.

"우리는 입을 가졌으나 생벙어리 행세를 하여야 하였으며 할 말은 많았으나 호소할 곳이 없었다. 우리는 죽으라면 말없이 죽는 시늉을 하지 않으면 안 될 환경에 놓여 있었다."

일본을 탓하며 변명한 늘어놓았을 뿐, 방응모는 신문사와 자신의 친일 행위에 대해서는 어떤 반성이나 사죄의 말도 하지 않았습니다.

막강한 재력을 가진 방응모는 해방공간에서도 다양한 정치사회단체에 가입하고 주요 직책을 맡아 동분서주했습니다. 그는 1950년 실시된 제2대 국회의원 총선거에도 출마하였으나 낙선하고 말았습니다.

얼마 후 6·25전쟁이 터지자 잠시 피신하는 게 좋겠다고 주변 사람들이 권했으나 방응모는 거절했습니다.

"내가 왜 피한단 말인가. 무슨 죄를 지었다고?"

결국 인민군에 잡혀 북으로 끌려가던 방응모는, 미군기의 무차별 폭격으로 사망하고 말았습니다.

빚에 쫓기던 가난뱅이에서 하루아침에 거부가 된 행운의 주인공이자, 출세욕과 승부욕이 남달랐던 사업가 방응모. 그는 민족지도자들을 더러 후원하기도 했다고 합니다. 어려운 형편의 만해 한용운에게 기와집을 지어주었고 도산 안창호의 입원비를 후원하였으며, 그가 사망하자 조의금을 보내기도 했습니다. 인정이든 인망 관리든 어려운 처지의 사람에게 도움을 준 것은 잘한 일입니다. 그러나 일제 침략 때문에 겪지 않아도 될

고난을 겪고 있는 독립투사들에게, 친일 재력가가 돈으로 약
간의 시혜를 베푼 것에 지나친 의미를 부여할 필요 또한 없겠
습니다.

종이가 귀하던 시절 신문과 잡지가 국민들에게 미치는 영향
은 엄청나게 컸습니다. 그러한 때에 언어와 정신의 중요성을
알지 못하는 재력가가 언론과 출판 사업을 대대적으로 벌임으
로써 민족정기를 흐린 것은 불행한 일이 아닐 수 없습니다. 펜
은 칼보다 강하다는 말이 있지만, 칼에 굴복한 펜이 어떻게 구
부러질 수 있는지 이 시기의 조선일보와 동아일보는 잘 보여
주고 있습니다.

6

고문으로 만신창이가 되었지만 끝까지 양심과 신앙을 지킨 김마리아와
권력에 의존하여 명예와 권력을 누린 여성박사 1호 김활란
두 여성의 신앙과 지성, 그 차이와 거리를 읽어봅니다.

개화기 여성지도자의 두 얼굴

김마리아
한시도 독립을 생각하지 않은 때가 없었다

김활란
학병·징병을 권유한 여성박사 1호

김마리아

한시도 독립을 생각하지 않은 때가 없었다

짝짝이 저고리의 비밀

"어머니, 제가 지은 옷이에요. 어서 입어보세요."

김마리아의 양녀 배학복은 새 치마저고리를 내밀었습니다.

"바느질이 곱기도 하구나. 병 수발도 힘들 텐데 언제 옷까지 지었니? 고맙고 미안하구나."

"어머니께서 저한테 해주신 것에 비하면 아무 것도 아니에요. 앞으로 어머니 옷은 제가 늘 지어드릴 거예요."

하루 한 끼 먹기도 힘든 가난한 집 딸 배학복이 마르타 윌슨신학교에 다닐 수 있었던 것은 오로지 김마리아 덕분이었습니다. 공부가 하고 싶어 집을 나온 그녀를 김마리아가 조수로 삼고 월급을 주며 학비도 감면해주었던 것입니다.

그런데 신사참배를 거부하다 학교가 폐교된 뒤 김마리아는 건강이 급격히 악화되어 쓰러지고 말았습니다. 이때 배학복이 스승의 병수발을 자처했고, 두 사람은 함께 지내며 모녀의 인연까지 맺게 되었습니다. 평소에도 김마리아는 웃음이 많고 다정한 성격이었지만, 투병 중에도 무엇을 해드리든 항상 흡족해 하고 기뻐하여 양녀는 힘든 줄 몰랐습니다.

'어머니한테 옷이 잘 맞아야 할 텐데.'

양녀는 손수 지은 옷이 어머께 얼마나 잘 어울릴지, 뿌듯한 마음으로 김마리아의 옷맵시를 살폈습니다. 그런데 이상하게도 저고리 앞섶이 가지런하지 않고 한쪽이 길었습니다.

'이상하다. 왜 그럴까? 분명히 똑같이 맞췄는데.'

당황한 양녀가 고개를 갸웃거리는 것을 보고, 김마리아는 가만히 옷고름을 풀어 오른쪽 가슴을 보여주었습니다.

"옷 때문이 아니란다. 고문을 당해서 이렇게……."

쭈그러지고 흉터 가득한 김마리아의 가슴을 보고 양녀는 아무 말도 할 수가 없었습니다. 자기도 모르게 김마리아를 와락 부둥켜안고 울음을 터뜨리고 말았습니다.

김마리아는 누구에게도 보여줄 수도, 말할 수조차 없었던 이야기를 담담히 들려주었습니다. 일본 경찰에 붙잡혀 간 여성독립운동가들은 옷이 벗겨진 채 폭행과 고문을 당하기도 했는데, 특히 순종적이지 않았던 김마리아는 가슴과 아랫도리를

김마리아

불에 달군 인두로 지지는 등 온갖 악랄한 고문을 당했다고 했습니다. 그 후유증으로 메스토이병^{귀와 코에 고름이 차는 병}과 신경쇠약에 시달려왔던 김마리아는 급기야 쓰러지고 말았던 것입니다.

'이런 몸으로 끝까지 민족정신을 가르쳐주셨구나!'

평소 아무 내색 없이 성실하고 온유하였던 김마리아의 정신력이 양녀는 새삼 존경스러웠지만, 같은 여자의 입장에서 측은하고 아픈 맘을 가눌 수 없었습니다.

개화한 애국지사들의 가정에서 성장

김마리아는 1892년 6월 18일 황해도 장연군 대구면 송천리의 풍족한 집안에서 태어났습니다. 아버지 김윤방과 어머니 김몽은 사이 세 딸 가운데 막내였습니다.

한학을 공부했지만 일찍 개화한 김마리아의 부친은 1883년에 이미 기독교 신자가 되어 50명의 노비를 해방시켰습니다. 이듬해 선교사 언더우드가 조선에 들어오자 자기 집 사랑채에서 지내게 하며 조선 최초의 교회인 '소래교회'를 짓는 데 재산을 썼습니다. 가족들도 이때 모두 세례를 받고 기독교 신자가 되었습니다.

그런데 이후에도 소래학교를 짓는 등 지역사회를 이끌던 부친이 김마리아가 세 살 때 병으로 세상을 떠나고 말았습니다. 아버지는 안 계셨지만 삼촌과 고모들의 보살핌 속에서 김마리아는 활달한 성격으로 자랐고, 소래학교에 입학해서도 한동안 사내아이 옷을 입고 가마를 타고 등교하기도 했습니다.

"마리아, 나중에 어떤 사람이 될 거야?"

막내 고모가 묻자 김마리아는 망설임 없이 대답했습니다.

"장군이 될 거예요. 고구려의 을지문덕, 임진왜란 때의 이순신 같은 장군이요."

보통의 여자아이들에 비해 김마리아는 유난히 담대하고 포부가 컸습니다. 기독교 평등사상을 갖고 있던 가족들이 어린이라고, 여자라고 차별하는 일 없이 존중하고 격려하며 키운 덕분이기도 했습니다.

그런데 김마리아가 열네 살 때 어머니마저 세상을 떠나고 말았습니다. 삼촌과 고모들은 시골의 가산을 모두 정리하고 조카들을 서울로 데려가기로 결정했습니다. 애국계몽단체 서우학회*를 창립한 큰삼촌 김윤옥은 이때 세브란스 병원 앞에서 '김형제 상회'를 하고 있었고, 언더우드를 따라 서울로 가서 의학공부를 한 작은삼촌 김필순은 조선 최초의 양의사로 세브란스 병원에 근무하고 있었습니다. 여성 독립운동가로 뚜렷한 자취를 남기는 고모 김필례, 김순애 등도 이미 서울에서 여학교에

*서우학회
1906년 10월 평안도·황해도 인사들을 중심으로 서울에서 조직되었던 애국계몽단체

다니고 있었습니다.

　김마리아는 작은 삼촌의 집에서 지내며 처음에 이화학당에 입학했습니다. 그런데 고모와 언니들이 모두 연동여학교^{현 정신}_{여학교}에 다녔기에, 외로웠던 김마리아는 삼촌에게 부탁하여 이 듬해 전학을 했습니다. 선교사들이 세운 이 학교는 조선 여학 생들을 무료로 가르쳤으나, 삼촌 김필순은 자기 집안 가족들 까지 그래서는 안 된다며 동생과 조카들의 학비와 기숙사비를 지불했습니다.

　이듬해인 1907년 조선총독부가 대한제국 군대를 강제로 해 산시키는 사건이 생겼습니다. 이에 맞서 일부 장병이 저항하자 일본군이 기다렸다는 듯 기관총 세례를 퍼부어, 조선 청년들 의 시체가 언덕을 이루고 개울에는 핏물이 흘렀습니다. 근처 세브란스 병원 의사와 간호사들은 위험을 무릅쓰고 적십자기 를 달고 부상자를 실어 날랐는데, 손이 모자라 삼촌 김필순은 집에 도움을 청했습니다.

　"간호해 줄 사람들이 부족하구나. 너희들이 좀 도와다오."

　김마리아와 두 언니, 고모 김필례는 즉시 병원으로 달려갔 습니다. 그녀들은 피투성이가 되어 울부짖는 장병들 곁에서 열흘 남짓 밤낮없이 간호했습니다. 이 체험은 김마리아와 그 집안사람들을 더욱 투철한 항일의식으로 무장하게 만든 계기 중 하나가 되었습니다.

1910년 6월 정신여학교를 졸업한 후 김마리아는 광주 수피아 여학교 교사로 부임했습니다. 그런데 그해 일제의 강제 합병으로 나라를 잃었고, 믿고 의지하던 삼촌 김필순마저 105인 사건*에 관련되어 이듬해 북만주로 망명하는 바람에 마음이 더욱 허전했습니다.

얼마 뒤 모교인 정신여학교에 교사 자리가 났는데 여러 사람이 김마리아를 추천하였습니다. 일본 유학을 준비하던 김마리아는 계획을 중단하고 서울로 갔습니다. 스물두 살의 가장 어린 교사였지만 김마리아는 성심을 다해 학생들을 가르쳤습니다.

배움에 대한 김마리아의 열망을 알고 있던 루이스 교장이 어느 날 말했습니다.

"마리아, 이 나라에는 당신 같은 재능 있고 신심 깊은 인재가 필요합니다. 일본으로 가서 공부를 더 하고 오세요."

루이스 교장의 추천과 재정 지원으로 김마리아는 드디어 일본 유학을 떠나게 되었습니다.

2·8독립선언서를 국내로 전달

긴조여학교와 히로시마여학교에서 일어와 영어를 일 년 동안 공부한 후 김마리아는 동경여자학원 대학예비과에 입학했습니다. 이곳에서는 조선의 여자 국비유학생 1호인 둘째 고모 김필례가 '동경여자유학생친목회'를 이끌고 있었습니다. 김마리아는 그 뒤를 이어 임시회장을 맡아, 최초의 여성잡지인 〈여자계〉를 발행하며 유학생들과 폭넓은 유대관계를 가졌습니다.

1918년 12월 초, 동경유학생들은 곧 열릴 파리강화회의[*]에 신한청년당[*]에서 대표를 파견하여 조선독립을 호소한다는 소식을 들었습니다. 동시에 일부 친일파들이 총독 통치를 지지하는 문서를 작성중이라는 정보도 입수했습니다.

"조선 민족 전체가 얼마나 독립을 원하고 있는지 궐기하여 보여줄 필요가 있습니다. 그래야 강대국들이 조선 대표단의 말에 귀를 기울일 겁니다."

재일동경유학생 대표들은 독립선언문을 작성하여 발표하기로 했습니다.

1919년 2월 8일 재일동경유학생 대회가 도쿄시내 중심지 YMCA 강당에서 열렸습니다. 대회 개최 명분은 임원선거였으나, 개회 즉시 내용을 '조선청년독립단대회'로 변경하고 독립선언서와 결의문을 낭독한 뒤 "대한독립만세"를 외쳤습니다. 잠시 후 일

[*]파리강화회의
제1차 세계대전 종료 후, 전쟁에 대한 책임과 유럽 각국의 영토 조정, 전후의 평화를 유지하기 위한 조치 등을 협의한 1919년 ~1920년 동안의 일련의 회의 일체를 가리킨다.

[*]신한청년당
1918년 8월에 상하이에서 김구, 여운형, 이광수 등이 중심이 되어 조직한 독립투사의 모임. 기관지 〈신한청년보〉를 발간하여 독립 정신을 고취하였다.

본 경찰이 들이닥쳐 행사를 개최한 간부들을 체포하였는데, 이때 김마리아도 끌려갔다가 8시간 만에 풀려났습니다.

동경유학생들은 2·8독립선언문을 조선 국내로 가져가 각 단체에 전달하고 거국적인 만세운동을 독려하기로 했습니다. 그런데 입국 유학생들에 대한 일본 경찰의 경계와 감시가 강화되어 어떻게 이를 피할 것인지 논의가 분분했습니다.

"내가 전달하겠습니다."

이때 김마리아가 나섰습니다.

"기모노를 입고 몸에 숨기면 될 겁니다. 여학생 몸수색은 하지 않을 거예요."

김마리아는 2·8독립선언문 서명자가 전원 남학생들뿐이라는 것을 아쉽게 생각하고 있었습니다. 조선인의 절반은 여성인데, 남성들만 만세운동을 해서는 거사가 성공할 수 없을 것이기 때문입니다. 그래서 자신이 직접 국내로 들어가 조선 여성들의 만세운동 참여를 독려할 계획이었습니다.

김마리아는 자신의 뜻을 설명하고 동경유학생 대표로 위험한 임무를 떠맡았습니다. 이리하여 도쿄 한복판에서도 언제나 한복만 입었던 김마리아는 기모노를 입고 귀국선에 올랐습니다. 허리에 질끈 동여맨 오비 속에는 얇은 미농지에 쓴 독립선언서가 여러 장 감추어져 있었습니다.

무사히 부산에 도착한 김마리아는 가장 먼저 안희제의 백산

일본유학시절 기모노를 입은 학생 가운데
당당하게 한복을 입은 김마리아(둘째줄에서 제일 오른쪽)

상회를 찾아가 독립선언서를 전달했습니다. 그곳에서 상하이 신한청년당을 대표해서 온 큰 고모부 서병호와 셋째 고모 김순애도 만났습니다. 국내에서도 거국적 만세운동을 벌일 계획을 세우고 있다는 것을 알고 김마리아는 더욱 힘이 났습니다.

'여성들도 조직적으로 참여하도록 부지런히 알려야지.'

언니와 막내고모 김필례가 살고 있는 광주로 가서 독립선언서를 몰래 복사하고 여성들을 모아 비밀 회합을 갖는 것을 시작으로, 김마리아는 전국을 누비며 조선의 교육계, 종교계, 여성계 지도자들을 부지런히 만났습니다. 3월 1일에도 황해도 봉산과 신천 등지를 돌며 여성들에게 독립운동 참여를 독려하던 김마리아는, 서울에서 대규모 만세운동이 벌어졌다는 소식을 듣고 서둘러 귀경했습니다. 이화학당에서 비밀모임을 열고 서울시내 여학교 학생들의 만세운동 참여를 논의했습니다.

"만세! 대한독립만세!"

3월 5일 서울역 광장은 군중으로 발 디딜 틈이 없었습니다. 군중은 점점 늘어나며 종로 쪽으로 물결쳐 갔습니다. 경성여고보, 이화, 정신 등 여학교 학생들도 미리 약속한대로 하얀 저고리를 입고 상복차림으로 쏟아져 나왔습니다. 일경은 시위자와 지도자들을 마구잡이 체포하였는데, 김마리아도 잡혀서 경무총감부로 끌려갔습니다.

"도쿄 유학생들과 무슨 관계인가? 어떤 지령을 받았는지 당장 토설하지 못할까!"

김마리아는 혹독한 고문을 당했습니다. 구둣발로 짓밟고, 물과 고춧가루를 코에 넣고, 양손을 묶고 바늘로 찌르고……. 일경은 온갖 악형을 가했습니다. 특히 대나무 봉으로 머리를 규칙적이고 집중적으로 때려, 김마리아의 머리 밑은 묵처럼 흐물흐물 해져 실신을 거듭했습니다. 이 고문의 후유증으로 김마리아는 평생 심한 두통과 신경쇠약에 시달렸습니다.

약 20일 동안 심문을 당한 후 김마리아는 서대문 감옥에 갇혔습니다. 개성의 만세운동을 이끈 어윤희, 수원의 기생으로 만세를 불렀던 김향화, 천안 아우내 장터 만세 주동자인 유관순 등 3·1운동을 이끈 여성들이 모두 이곳에 붙잡혀 있었습니다. 여성들은 서로 힘을 북돋우며 잔인한 고문을 꿋꿋이 견뎠습니다.

죽음 직전에 상하이로 탈출

김마리아는 5개월 만에 증거 불충분으로 석방되어 세브란스 병원에 입원했습니다. 몸이 다소 회복되자 정신여학교로 복귀하였는데, 부교장 천미례 선교사가 자기 집 2층에 김마리아가 묵도록 배려해 주었습니다.

"그동안 얼마나 고생이 많았어요?"

위문 겸 찾아온 벗들로부터 김마리아는 조선 여성계의 독립운동 현황에 대해 자세히 들었습니다. 몇몇 여성 단체가 있긴 하지만 이렇다 할 활동을 못하고 있는 상황이었습니다.

"단체를 통합해서 여성들의 힘을 한데 모으는 게 좋겠어요."

"그렇지요. 여성들의 항일운동을 체계화해야 합니다."

여성계 대표 16명은 김마리아의 숙소에 모여 비밀 회합을 하였습니다. 7시간에 이르는 회의 끝에 통합 여성조직 '애국부인회'를 만들고 김마리아를 회장으로 선출했습니다. "본회의 목적은 대한민국의 국권을 확장하는데 있다"고 명시하여 독립운동 단체임을 명백히 하고, 독립전쟁을 대비해 적십자부와 결사부도 새로 만들었습니다.

조선 여성들의 호응은 열렬했습니다. 한 달여 만에 애국부인회 회원은 2,000명을 돌파했고, 남북한의 15개 지역과 하와이, 간도에까지 지부가 설치되었습니다. 애국부인회는 비밀리에 독립운동 자금을 모아 군자금 6천 원을 회장 김마리아의 이름으로 상하이 임시정부에 전달했습니다.

그러던 어느 날 갑자기 일경이 들이닥쳐 김마리아를 체포했습니다. 대구로 압송되어 가니 애국부인회 간부들과 전국지부의 활동가들이 빠짐없이 잡혀와 있었습니다.

"일경이 심문하면 무조건 여자 교육운동이라고만 하세요.

그러면 임원 몇 사람만 책임지면 될 겁니다."

김마리아의 당부에 따라, 잡혀온 부인들은 애국부인회가 여성인재 양성 단체라고 주장했습니다. 그러나 일경은 이미 모든 자료를 갖추어놓고 있었습니다. 애국부인회 간부인 오현주가 남편의 사주를 받아 대구경찰서 형사에게 모든 것을 일러바쳤던 것입니다.

"다 알고 있으니 자백하란 말이다!"

아무리 협박하고 고문해도 김마리아는 두려워하지 않고 당당했습니다. 이에 기와무라 검사는 이렇게 논고했습니다.

"…김마리아는 대학교까지 마친 지식인으로 비범한 천재이나 그의 태도와 말은 거만하기 이를 데 없다. 더욱 가증한 것은 본직에게 심문을 당할 때에 오연히 '나는 일본의 연호를 모르는 사람이라' 하면서 서력 일천구백 몇 년이라 하는 것을 보면 그의 눈에 일본 제국이란 없고 일본의 신민이 아닌 미국민적 태도를 가진 것이다."

일본 경찰은 김마리아에게 온갖 끔찍한 고문을 하였습니다. 구둣발로 차고 때리고, 나무토막을 끼워놓고 비틀고, 코에 고무호스를 끼워 물을 붓는 것은 약과였습니다. 옷을 벗기고 불에 달군 인두로 지지는 등 여성으로서 견디기 힘든 성 고문까지 당하여 김마리아는 거의 폐인이 되고 말았습니다.

"이대로 두면 생명이 위험합니다. 한시바삐 병원에서 치료를 받아야 해요."

옥바라지하던 이자경이 미국 선교사들의 도움을 얻어 몇 번이나 요청한 끝에 병보석이 허락되었습니다. 김마리아는 뼈 속에 고름이 차서 세브란스 병원에서 수술을 했지만 병세는 별로 나아지지 않았습니다.

수술 후 재판정에 출두한 김마리아의 모습은 마치 산송장 같았습니다. 등의자에 비스듬히 누운 그녀를 사람들이 떠메고 들어왔는데, 온몸에 담요를 두르고 얼굴도 흰 수건으로 감싼데다 하얗게 변해버린 손이 담요 밖으로 축 늘어져 있어서 방청석은 눈물바다가 되었습니다.

"치료비에라도 보태주세요."

즉석에서 금가락지를 뽑아주는 부인들이 줄을 섰습니다.

그해 가을 김마리아는 2차 수술을 한 뒤 이듬해 봄에 퇴원하여 성북동에서 요양을 했습니다. 그런데 병세가 악화되고 고통이 심해 김마리아는 다시 세브란스에 입원하게 되었습니다.

이때 상하이 임시정부에서 사람을 보내 와 탈출 계획을 세우게 되었습니다. 김마리아는 퇴원할 때 양산으로 얼굴을 가린 채 인력거에 탔고, 어느 중국요리집 앞에서 내려 안으로 들어가 중국옷으로 갈아입었습니다. 기모노를 입고 조국으로 왔는데 이번엔 중국옷인 치파오를 입고 떠나게 된 것이었습니다.

한 달 후에야 김마리아는 겨우 상하이에 도착했는데, 몸을 거의 움직일 수 없는 지경이었습니다.

"얼마나 모진 고문을 했으면 사람이 이 모양이 되었단 말이냐!"

큰 고모 김구례와 셋째 고모 김순애가 조카를 맞아들여 극진히 보살폈습니다. 상하이 애국부인회에서는 회장 김마리아의 망명을 대대적으로 환영하려 했으나, 그녀의 건강이 회복되지 않아 계속 미루어야 했습니다.

그런 김마리아가 안타까워서 삼촌 김필례의 의형제이기도 한 안창호가 중매를 서고자 하였습니다.

"뜻 맞고 의지할 사람이 있으면 힘이 될 텐데, 좋은 청년을 소개해줄 테니 만나볼 텐가?"

김마리아는 빙긋 웃으며 대답했습니다.

"저는 이미 대한의 독립과 결혼한 걸요."

독립운동에만 힘을 쏟겠다는 완곡한 표현이었습니다.

신앙과 민족정신을 끝까지 지키다

이듬해인 1922년 2월 김마리아는 대한민국 임시의정원에서 김구와 함께 황해도 대의원으로 선출되었습니다. 그러나 건강이 좋지 않아 정치에 많은 힘을 쏟지는 않았습니다.

김마리아가 상하이에 머무는 동안 국민대표회의가 열렸습니다. 분열하여 갈등하는 독립운동계를 통합하고 미래지향적인 방향을 찾기 위해 125개 단체 대표가 모인 한민족 최대 모임이었습니다. 김마리아도 대한민국애국부인회의 대표 자격으로 참여하여 개막 연설을 했으나 이 대회는 별 성과 없이 끝났습니다.

중국에서 자신이 할 수 있는 일이 별로 없다고 생각한 김마리아는 얼마 후 미국으로 망명했습니다.

"조선의 독립운동은 어떻게 되어가고 있습니까? 동포들에게 강연을 좀 해주세요."

애국부인회 회장 김마리아의 미국 도착 소식에 미주 곳곳에서 동포들의 만남 요청이 이어졌습니다. 김마리아는 최선을 다해 국내외 독립운동 상황을 설명해주고, 미주 교포들의 의식을 일깨우려 애썼습니다. 그러다 무리한 활동으로 고문 후유증이 악화되어 한동안 병석에 누워있었습니다.

이듬해 미네소타주의 파크대학 특별 장학생으로 입학하여 공부한 김마리아는 평생교사자격증과 함께 문학사 졸업장을 받았습니다. 그 후 시카고대학 도서관에서 일하며 사회학 석사 과정을 공부하던 그녀는 재미 한국학생연맹의 부회장으로 선임되어 귀국할 때까지 연맹의 사업들을 주관했습니다.

파크대학 졸업식 때의 김마리아

낯선 타국에서 학비와 생활비를 마련하기 위해 김마리아는
말할 수 없는 고생을 해야 했습니다. 그런 가운데 조선에서 함
께 독립운동을 했던 동지들을 만나 '근화회*'를 만
들고 조국에 보탬이 되는 활동을 하려 애썼습니다.

*근화회
1928년 미국에서 조
직된 여성독립단체

콜롬비아대학 사범대학원 졸업에 이어 뉴욕신학
교에서 신학 교육을 받고 종교 활동을 하던 김마리
아는, 애국부인회 사건의 공소시효가 끝나자 비로소 조국을
다시 찾을 수 있었습니다. 40세가 되던 1932년이었습니다.

"경성부^{서울}에 체류해선 안 되고, 과목도 신학 외에 가르칠 수 없소."

일제는 김마리아를 감시하고 압박했습니다. 서울서 머물 수 없게 된 김마리아를 원산의 마르타 윌슨신학교에서 교수로 초빙하였습니다. 김마리아는 신학 과목을 가르치며 강론과 종교 모임을 통해 학생들에게 민족과 역사의식을 길러주었습니다.

중일전쟁을 시작한 이후 일제는 기독교 교회에서조차 예배 전에 신사참배를 하라고 강요했습니다. 초기에는 많은 기독교인들이 신사참배를 거부했고 투옥자와 순교자도 속출하였으나, 시간이 흐르면서 굴복하는 이들이 점점 많아졌습니다.

"신사참배는 우상숭배입니다. '나 외에는 다른 신을 섬기지 말라'는 하나님의 첫째 계명을 위반하는 것입니다. 공식 모임을 열면 예배 전에 신사참배를 반드시 해야 한다니, 우리는 당분간 공식 모임을 열지 않는 것으로 하겠습니다."

조선예수장로회 여전도회 회장을 맡고 있던 김마리아는 회합을 아예 갖지 않는 것으로 신앙을 지켰습니다. 평양 서문밖교회 대회가 열렸을 때는 감시 경관이 신사참배를 강요하자, 김마리아가 재빨리 해산을 통고하여 모두 흩어져버렸습니다.

일제는 기독교계 학교에도 신사참배를 거부할 시 폐교한다는 방침을 통고했습니다. 학교를 살린다는 명분으로 순응하는 곳이 점점 많아졌지만, 김마리아가 몸담고 있던 마르타 윌슨신

마르타 윌슨신학교 재직 시절.
앞줄 왼쪽에서 첫 번째가 김마리아

학교는 끝까지 신사참배를 거부하다 1943년 결국 폐교되었습니다.

그리고 그해 12월 김마리아는 사택에서 쓰러졌습니다. 양녀가 정성껏 간호했지만 그녀는 결국 회복하지 못했고 이듬해 3월 13일 세상을 떠나고 말았습니다. 그녀의 유언에 따라 시신은 화장하여 대동강에 뿌려졌습니다.

'김마리아 같은 여성이 열 명만 있었다면 한국은 독립이 되었을 것'이라고 안창호는 말했습니다. 조국에 대한 사랑과 진실한 신앙심을 품고 불의와 끝까지 타협하지 않았던 김마리아.

그녀는 조선 여성으로서 누구보다 많이 배웠지만 개인적 출세나 권력 추구에 관심을 두지 않았습니다. 아직 자신의 능력을 알지 못하는 조선 여성들을 어찌하면 좀 더 일깨울 수 있을까, 어찌하면 여성주체들이 더 연대하고 행동하여 조선 독립의 길을 앞당길 수 있을까 오로지 그 생각만 했습니다. 그리고 그 길을 열기 위해 기꺼이 앞장서서 고통과 고난을 받았습니다.

명료한 지성을 바탕으로 일제에 꿋꿋이 저항하며 거레의 앞길을 밝힌 여성 지도자 김마리아에게, 대한민국 정부는 1962년 건국훈장 독립장을 추서하였습니다.

김활란

학병·징병을 권유한 여성박사 1호

행동이 보여주는 진실

"우리 학교도 신사참배를 한다고요?"

"선생님, 신사참배는 우상숭배 아닙니까?"

학생들은 놀라 수런거렸습니다.

"신사참배는 국민으로서 해야 할 의례일 뿐입니다. 그래서 기독교 신앙에 위배되지 않는다고 장로회 총회에서 결의한 것입니다."

김활란 교장의 설명에도 학생들은 이해할 수 없다는 표정이었습니다. 신사는 일본의 민간종교인 신도^{神道·Shintoism}사원으로, 일본 왕실의 조상신이나 국가 공로자의 사당이라는 것쯤 학생들도 알고 있었기 때문입니다.

김활란

일제는 침략 직후부터 전국 각지에 신사를 세우고 조선인들에게 참배를 강요했습니다. 그러나 기독교 교리에 배치되기에 교인들은 참배를 하지 않았는데, 중국 침략을 앞두고 일제는 조선의 땅 뿐만 아니라 조선인의 정신까지 온전히 지배하기를 원했습니다.

"신사참배를 하든지 문을 닫든지 양자택일하라."

일제는 모든 교회와 기독교계 학교에 통보했습니다. 서울의 대표적 여학교 중 하나인 이화전문학교 교장 김활란은 신사참배를 결정했습니다.

"나는 무슨 일이 있어도 학교를 지키기로 했던 것뿐입니다. 학교가 살아있어야 여성교육도 시키고, 민족교육도 할 수 있기 때문이지요."

그녀는 훗날, 일제 강요에 따른 피치 못한 선택이었을 뿐이라고 일관되게 주장했습니다. 그러나 숭실과 숭의학교의 경우 자진 폐교를 하였다가 해방 후 다시 학교 문을 열었습니다. 평양의 기독교계 학교 대부분과 광주 수피아여학교 등 신사참배를 끝까지 거부하는 선택을 한 학교들도 숱했습니다. 그리고 무엇보다 조선의 젊은이들을 일제의 전쟁터로 내모는 데 열심이었던 김활란의 행동은, 자신의 말과 정 반대의 진실을 보여줍니다.

교복 문제에서도 김활란의 자발적 친일은 두드러졌습니다.

일제는 중등과정 학생들에게는 강제로 교복을 입게 했지만 전문학교의 경우 학교 재량에 맡겨놓고 있었는데, 이화여전 부교장 김활란이 가장 먼저 학생들에게 교복을 입혔습니다.

"우리 한복을 두고 왜 일본식 교복을 입힙니까?"

"안 그래도 일제가 조선 문화를 없애려고 하는데, 학교에서 우리 것을 지켜야 하는 것 아닙니까?"

학생과 부모들이 반발하고 언론이 비판했지만, 김활란은 단체생활상 필요하다며 일축했습니다. 이 일은 조선의 학교에서 한복이 사라지게 된 중요한 계기가 되었습니다.

조선의 여성박사 1호로 누구보다 촉망받았던 엘리트 김활란. 그녀는 언제부터, 왜 친일파로 불리게 된 것일까요.

기독교가 열어준 기회

김활란은 1899년 인천부 동구 창영동^{당시 우각동} 배다리 마을에서 아버지 김진연과 어머니 박또라 사이에서 태어났습니다.

그녀의 아버지는 원래 평북 의주에서 농사를 짓다가 새 삶을 개척하기 위해 인천으로 와서 창고업을 했습니다. 강화도 조약을 맺은 후 부산, 원산, 인천항이 잇달아 문을 열고 해외 문물을 받아들이면서 항구가 활기찬 기회의 땅이 되었기 때문입니다.

김활란의 어머니도 평북 의주 태생이었습니다. 그녀의 어린 시절은 불행했습니다. 노름빚에 쫓긴 아버지가 열 살이 갓 넘은 그녀를 부잣집에 팔아버렸고, 애통해하던 모친은 세상을 떠나고 말았습니다. 팔려간 달이 6월이어서 '유월이'로 불렸던 그녀는 열여덟 살 때 주인 영감의 소실이 되었습니다.

'내가 평생 이렇게 살아서는 안 되지.'

곰곰 생각하던 그녀는 어느 날 어린 두 딸을 데리고 그 집을 나왔습니다.

그때 김진연은 첫 아내와 사별 후 아들 하나를 키우며 인천에서 살고 있었는데, 고향 사람의 중매로 그들은 혼인을 하게 되었습니다. 두 사람 사이에 2남 3녀가 태어나 모두 팔남매가 되었고, 김활란은 그중 일곱 째였습니다.

"기해년에 태어났으니 기득이라 하지."

김활란은 일곱 살 때까지 기득이로 불렸습니다.

김활란의 어머니는 무속신앙을 좋아하던 사람이었습니다. 그런데 김활란이 일곱 살 되던 해, 어머니가 백헬렌이라는 전도부인을 만나면서 기독교를 믿게 되었습니다. 열렬한 교인으로 변신한 그녀는 남편을 설득하여 6개월 만에 온 가족을 이끌고 세례를 받아 화제를 모았습니다. 원래는 어머니의 세례명이 '헬렌'이고 기득이 '또라'였는데, 목사가 착각하여 모녀의 이름을 바꾸어 세례를 주는 바람에 기득이 헬렌이 되었습니다.

"한자로 활란으로 쓰면 되겠구나."

아버지는 기득의 이름을 활란으로 고쳐주었습니다. 어린 활란은 교회에 열심히 다니며 어머니의 바람과 기도 속에서 자신은 하나님에게 선택받은 존재라는 의식을 가지고 성장했습니다.

밀러 선교사의 도움으로 두 언니는 이화학당에 입학하였고 김활란도 이화학당 부속 영화소학교에서 공부하게 되었습니다. 당시만 해도 조선의 여자아이들은 공부를 시키지 않을 때여서 외국 선교사들이 가난한 집 아이들을 데려다 무료로 교육을 시켰습니다. 넉넉지 않은 김활란의 가족에게 선교사의 존재는 교육과 출세의 기회를 준 은인이었습니다. 일본의 조선 침략이 본격화 되고 있던 시기였지만 그들도 미국인만은 함부로 건드리지 못했습니다. 강대국 미국의 선교사 그늘에서 김활란은 마음껏 뛰어놀고 격려 받으며 자신감을 키웠습니다.

그런데 몇 년 뒤 큰 오빠의 사업실패로 집과 살림이 빚쟁이에게 넘어가고 말았습니다. 아버지와 오빠 등은 인천에 남아있고, 김활란의 어머니는 오남매를 데리고 서울로 올라가 빈촌에서 하숙을 쳤습니다.

"나의 무지를 너희들에게 물려줄 수는 없다. 너희들은 무슨 일이 있어도 공부를 해야 한다."

어머니의 열성으로 김활란은 곧장 이화학당에 편입했습니다. 밝은 성격에 영리한 김활란은 선교사들의 남다른 사랑과 기대를 받았습니다.

초등부와 중등부를 거쳐 1914년 김활란은 이화학당 대학부에 입학하였습니다. 대학시절 그녀는 3대 메이퀸으로 뽑혔으며, 졸업식에서 자신을 논문을 한국어와 영어로 강연하여 세인의 주목을 받았습니다.

조선의 첫 여성박사

김활란은 제1회로 이화학당 대학부를 졸업한 뒤, 모교에서 영어 교사로 일했습니다. 이듬해 3·1만세운동이 일어났을 때는 다른 교사들과 함께 비밀결사에도 참여했고, 이화학당 학생 유관순이 옥사했을 때는 월터 교장과 함께 학교 대표로 관뒤를 따랐습니다. 이듬해에는 '이화전도대'를 만들어 전국 각지를 돌며 감리교를 알리는 활동을 하였습니다.

1922년 세계기독교학생청년연맹YMCA 대회가 베이징에서 열렸을 때, 정신여학교 교사 김필례와 함께 김활란도 조선 여성 대표로 참가했습니다. 이때 김필례와 유각경, 김활란은 조선 여성기독교청년연맹YWCA을 창설하기로 약속했습니다.

이화전도대 활동 당시 김활란(첫째줄 가운데)

1928년 미국 체류 중 단발머리를 한 김활란

김활란은 베이징 대회 후 곧바로 미국으로 유학을 떠났습니다. 조선 감리교 감독 웰치 선교사의 추천과 학비 지원을 받아 오하이오 웨슬리언대학교 3학년에 편입을 하게 된 것이었습니다.

이듬해 봄, 서울에 잠시 나온 김활란은 베이징에서 약속했던 대로 김필례 등과 YWCA를 창설했습니다. 다시 미국으로 돌아간 김활란은 1924년 대학을 졸업하고 보스턴대학 철학과에 입학하여 그해 6월 철학 석사 학위를 받았습니다.

서울로 귀국하여 이화여자전문학교 교수가 된 김활란은, 1926년 미국의 컬럼비아대학교 박사 과정에 다시 입학했습니다. 그런데 모교에서 귀국을 요청하여 교수 생활을 하며 사회활동을 했습니다. 좌우 통합단체인 신간회가 출범할 때 김활란은 민족 유일당 여성단체인 근우회*를 창립하고 회장이 됨으로써, 조선의 주요 여성 지도자로 부상했습니다. 그런데 일 년 만에 김활란은 별다른 이유를 밝히지 않고 근우회 활동을 중단했습니다. 사회주의 성향을 가진 사람들이 간부로 구성된 데 반발하여 활동을 중단했다는 증언도 있습니다.

그녀는 각종 국제 기독교대회에 조선대표로 참가하며 헬렌 김의 이름을 알려갔습니다. 한 번은 선교대회에 가는 도중에 사이공에서 중국 노무자들의

*근우회
1927년 5월 27일 창립된 여성운동단체로서 최초의 여성 운동 통일전선체. 신간회가 조직된 직후, 여성운동의 양대 흐름을 이어온 기독교계 여성운동과 사회주의 여성운동간의 통일체로 조직되었다.

긴 머리카락을 보고 거추장스럽다고 느낀 김활란은, 다음 기착지에 도착하자마자 트레머리를 자르고 단발을 했습니다.

"무지와 구습은 타파해야 돼요."

서울에 온 후 김활란은 단발머리에 남바위를 쓰고 한복 두루마기에 구두를 신은 채 거리를 활보했습니다. 당시 사람들 눈에는 우스꽝스러운 차림새였지만 다른 사람들이 쳐다보건 말건 그녀는 아랑곳하지 않았습니다.

1930년 다시 미국으로 가서 대학원에 복학한 김활란은, 이듬해 10월 〈조선의 부흥을 위한 농촌계몽〉을 주제로 논문을 써서 철학박사 학위를 받았습니다. 이후 그녀에게는 '여성박사 1호'라는 수식어가 항상 따라다녔습니다.

그런데 김활란의 논문은 조선의 농촌을 논하면서도 일본 제국주의에 대한 비판이나 문제의식이 전혀 없었습니다. 조선 농촌의 비참한 현실은 일제 침략과 떼어놓을 수 없는데 말입니다. 참고도서들도 총독부가 선전하는 어용도서가 많았고, 조선총독부라는 용어조차 쓰지 않고 '정부'로 칭했습니다. 그래서 1932년에 나온 〈비판〉이라는 잡지에서 한 작가는 김활란의 논문이 조선에서 발표되었더라면 '그날의 휴지가 되고 말것'이라며, '그 논문을 조선 사정에 어둡고 호기심을 가질 만한 미국으로 들고 가서 발표했다는 것이 훌륭한 처세술'이라고 꼬집기도 했습니다.

동아일보 1931년 12월 2일자에 실린 김활란 박사학위 기사

어쨌거나 박사 학위를 받은 후 김활란은 이화여자전문학교 교수 및 부교장으로 일하며, 기독교 단체 활동 외에도 여성 교육과 농촌계몽운동에도 활발히 참여했습니다. 문맹 퇴치, 금주·금연, 절약·저축, 미신타파 등 일제가 허용하는 범위 안의 활동이었습니다.

반면 독립운동에 참여해 달라는 요청에는 언제나 완곡히 사양했습니다.

"나는 여성 교육을 통해서 조국의 발전과 독립에 이바지하겠습니다."

그래도 이때까지만 해도 김활란은 소극적이나마 민족주의자로 분류될 수 있었습니다. 그런데 교장이 될 가능성이 커져가던 때부터 적극적 친일 행보를 시작했습니다.

친일의 선봉에서 맹활약

1936년 12월 김활란은 총독부 사회교육과가 주최한 사회교화간담회에 참석한 데 이어, 총독부 주최 방송교화선전협의회 부인 강좌반 강사를 맡았습니다.

이때 참여한 강사들을 중심으로 친일단체인 조선부인문제연구회가 결성되었는데 김활란은 상무이사를 맡아 주요 역할을 했습니다. 이 단체는 11명으로 구성된 순회강연반을 구성하여 전국 13도를 돌며 강연을 했습니다. 황거요배^{일본 천황이 있는 동쪽을 향}해 아침에 절하는 것와 일장기 게양, 근로보국정신 함양 등으로 황민화에 협력하는 내용이었습니다.

중일전쟁 발발 직후 비슷한 친일 여성단체들이 속속 만들어졌습니다. 일본으로부터 작위를 받은 조선 귀족의 부인들과 신교육을 받은 여성들을 중심으로 결성된 애국금차회에도 김활란이 주요 역할을 하였고 결성식 사회를 맡았습니다.

"우리가 애용하는 이 금비녀야말로, 초 비상시의 국가에 바쳐져야 할 것입니다!"

부인들은 그 자리에서 금비녀와 금반지를 뽑아 금붙이와 현금을 국방헌금으로 전달했습니다.

애국금차회는 일제의 침략전쟁을 돕기 위한 첫 조선인 모임이자 후방 전위대였습니다. 이들은 출정하는 일본군을 위해 환송연을 열었고 유가족을 찾아가 위로했으며, 일본군 부대와 육군병원을 위문했습니다.

김활란은 '조선신궁을 중심으로 일본정신 발양을 목적으로 하는 기원제' 발기인 및 준비위원으로 참여했고, '출정가족 간담회'에 참가하는 등 비슷한 활동에 약방의 감초처럼 끼었습니다.

1938년 일제는 조선교육령을 개정하고 수업 중 조선어를 사용을 금지시켰습니다. 내선일체를 강조하며 조선의 모든 전통과 문화를 말살하려 하던 때에, 김활란은 이화여전과 이화보육 학생 400명을 동원하여 '애국자녀단'을 조직하고 자신이 직접 단장에 취임했습니다.

"나라가 위급한 때에 우리도 총후보국을 내조해야만 할 것입니다."

총후보국이란 '후방에서 일본의 전쟁 승리를 위해 모든 것을 다 바치자'라는 뜻으로, 조선인을 동원하기 위해 일제가 내세운 구호였습니다.

뿐만 아니라 내선일체의 깃발 아래 모여야 한다며 자신이 회장으로 있던 조선YWCA를 일본YWCA에 가맹시켰습니다. 신사참배를 거부하던 기독교인들이 연달아 구속되고 순교까지 하던 상황에서, 김활란의 결정은 기독교계의 타협과 변절 흐름을 가속화시켰습니다.

"신사참배는 기독교정신과 민족정신을 말살하는 짓입니다. 우리는 이 결정을 받아들일 수 없습니다."

조선YWCA 창설의 주역이자 광주YWCA를 이끌던 김필례는 신사참배를 거부했고 일제가 주는 어떤 사회적 지위도 마다했습니다. 결국 광주YWCA는 간판을 내렸지만 해방 후 떳떳하게 새 출발을 할 수 있었습니다.

한편 김활란은 1935년 대리교장을 잠시 맡은 이후부터 이화여전 운영 주도권을 놓고 교장 앨리스 아펜젤러와 계속 심한 갈등 관계에 있었습니다.

"외국인 선교사들이 자유를 부추기고 있어서 더 이상 조선에 머무는 걸 허락할 수 없다."

총독부는 교장 앨리스를 추방해버렸고, 1939년 4월 김활란은 드디어 이화여자전문학교 교장이 되었습니다. 조선의 여성 박사 1호에 이어 전문학교 여성교장 1호가 된 것입니다.

김활란은 미나미 총독과 자주 회합을 가졌고, 총독의 관저를 방문하며 개인적으로도 가까이 지냈습니다.

"솔직하고 검소한 인품, 믿음직스러운 성격이 마치 한 집안의 아저씨 같다."

미나미 총독을 이렇게 묘사하기도 했습니다.

교장이 된 뒤 김활란은 학교를 지킨다는 명분으로 친일의 선봉에서 더욱 거리낌 없이 활약했습니다. 일제가 창씨개명을 강요하자 김활란은 한발 더 나아갔습니다.

'어차피 창씨를 해야 한다면 정말 일본식으로 창씨를 해서 독립된 나의 일가를 세우자.'

김해 김 씨 문중에서는 본관에 따라 '김해金海'로 창씨를 하였으나, 김활란은 독자적으로 자신이 시조가 되는 '천성활란天城活蘭·아마기 카쓰란'으로 창씨개명하였습니다.

그녀는 온갖 전시관변단체에서 주요 자리를 맡았고, 수백 차례의 강연과 기고를 통해 일제 침략전쟁을 도왔습니다. 징용, 징병, 정신대의 강제연행도 누구보다 앞서서 환영했습니다.

이제야 기다리고 기다리던 징병제라는 커다란 감격이 왔다.……우리는 아름다운 웃음으로 즐겁게 내 아들이나 남편을 전장으로 보낼 각오를 가져야 한다.…… 국가에 속한 내 남편이나 아들 또 내 생명이 국가에서 요구될 때 쓰인다는 것은 너무나 당연한 일이다. ……책임을 다함으로써 진정한 황국신민으로서 영광을 누리게 된 것이다. 생각하면 얼마나 황송한 일인지 알 수 없다. (〈신시대〉 1942년 12월)

해방 후에도 권력을 누린 삶

그토록 열성적으로 협소하였음에도 불구하고 일제가 1944년 1월 모든 전문학교를 폐교 조치함에 따라 이화여전도 농촌지도원 연성소가 되었습니다. 훗날 김활란은 자서전에 '가장 억울하고 분한 순간'이었다고 썼습니다. 그러나 그 당시에 김활란은 학교 폐교 조처를 열렬히 환영하며, 매일신보에 '황국여성으로서 다시없는 특전이라 감격하고 있습니다'라는 기고까지 하였습니다.

1951년 부산 피난지에서의 김활란

　광복 직전까지 열성적으로 친일 활동을 했던 김활란은, 갑자기 해방이 되자 잠시 긴장하였습니다. 그러나 미군정은 일본을 잘 도와준 사람들이 자신들도 잘 도와줄 것이라며 친일파들을 그대로 고위직에 기용했습니다. 사회 분위기는 일제치하와 별로 다를 게 없었고, 영어에 능통한 미국박사 김활란은 오히려 날개를 달게 되었습니다.

김활란은 미군정청 한국교육위원회 위원에 임명되었으며, YWCA를 재건해 이사장을 맡았습니다. 그리고 미군정을 부지런히 드나들어 1946년 4월에는 이화여전을 종합대학으로 승격시켜 초대 총장으로 취임했습니다.

이승만의 귀국을 영접하고 대한촉성중앙협의회에도 참여하는 등 활발히 활동하던 김활란은, 1948년 제헌국회의원 선거에도 출마하였으나 낙선했습니다. 그러나 이승만 정권에서 온갖 요직을 두루 지냈고, 박정희가 5·16쿠데타를 일으킨 직후에는 미국으로 건너가 박정희를 위한 외교를 펼쳤습니다.

이처럼 권력이 바뀔 때마다 김활란은 기민하게 협력하며 많은 것을 거머쥐었습니다. 이화여대 총장직과 배화학원, 국제대학, 동구학원, 금란여중고, 영란여중고 등 여러 학교의 재단이사장직을 맡았고, 각종 여성단체의 회장 등을 지냈습니다. 1970년 사망한 뒤에는 사회장까지 치러졌으며 대한민국 일등수교훈장을 받았습니다. 조선일보 최초의 여기자 최은희는 그런 김활란의 삶을 '풍파 한 번 없이 살아온 인생'이었다고 표현했습니다.

일제강점기 조선의 대표적인 여성 지도자이자 교육자로서, 김활란은 많은 이들에게 영향을 미치는 자리에 있었습니다. 그런데 후학들의 길잡이가 되지는 못할망정, 일제의 앞잡이가 되어 징병과 학병을 선전하고 심지어 제자들에게 정신대 참가를 권유하기까지 했습니다.

'여성박사 1호'였으나 김활란의 삶에서 진리를 따르는 자세는 볼 수 없고, 남들보다 많이 가진 지식과 학력을 도구로 삼아 개인적 욕망을 영리하게 성취해가는 모습만 볼 수 있을 뿐입니다. 권력의 성격을 따지지 않고 힘을 가진 자에게 협력하며, 후학과 제자들을 사지로 떠밀고도 영화롭고 안락하게 살아간 친일 교육자들은 한국 사회의 불신 풍조 조성에 큰 몫을 하였다고 하겠습니다.

김활란은 1948년 김구 등 민족진영에서 작성한 숙청대상자 목록에 오른 것을 비롯하여, 친일인명사전이며 감리교 내 친일 부역자 명단 등 각종 친일파 명단에 올라 있습니다.

7

일본군을 탈출하여 육천 리를 걸어
대한민국 임시정부로 찾아간 광복군 소위 장준하와,
독립군을 때려잡는 부대 간도특설대에 있었던 만주국 소위 백선엽.
두 사람의 다른 가치관과 선택이 만든 운명, 그리고 역사.

독립군과 토벌대 그 선택과 역사

장준하
일제와 투쟁하고 독재와 맞서다

백선엽
독립군 토벌대 출신 전쟁영웅

장준하

일제와 투쟁하고 독재와 맞서다

민족의식을 배우며 성장

　장준하는 1918년 8월 평안북도 의주군 고성면 연하동에서
아버지 장석인과 어머니 김경문 사이 맏아들로 태어났습니다.

　출생 이듬해 3·1만세운동이 일어났는데, 장준하
의 아버지는 태극기를 제작 배포한 데다 '의주 학살
사건* 관련자로 몸을 피해야만 했습니다. 할아버지
는 가족들을 이끌고 삭주군 외남면 청계동 다릿골
로 이사를 했습니다. 사방을 둘러봐도 높은 산과
우거진 나무뿐인 깊은 산골이었습니다.

　"장교사 어르신, 신문 왔습니다."

　일주일에 한 번 우체부가 찾아와 일주일치 신문
을 배달해 주었습니다. 장준하는 글을 모를 때도

*의주 학살 사건
1919년 3월 29일,
3·1운동 때 일본군
이 의주의 시위 군중
을 학살한 사건이다.
독립만세를 부르던
군중 6명을 죽였고,
이들의 친척들이 사
체를 독립이 이루어
지기까지 매장하지
않겠다고 항의하였
다. 이 과정에서 충
돌이 생겼고 많은 사
람이 희생되었다.

장준하

신문에 실린 사진이며 그림을 보는 게 신기하고 좋아 우체부를 기다리곤 했습니다.

조혼 풍습에 따라 일찍 장가를 간 아버지와 장준하는 열일곱 살밖에 차이가 나지 않았습니다. 잠시 숨어 지내던 아버지는 대처로 나가 공부를 계속했고 장준하의 양육은 할아버지가 맡았습니다.

할아버지는 장준하가 다섯 살 무렵부터 한글, 한자, 수리를 가르쳤고, 일곱 살 때부터 교회에 데리고 다녔습니다. 어린 나이에 걷기에는 너무 먼 길이었지만, 친구들을 만나는 것도 좋고 풍금소리에 맞춰 노래하는 것은 더욱 좋아서 장준하는 일요일이 되기만을 손꼽아 기다리곤 하였습니다. 여덟 살이 되자 장준하는 시오리 떨어진 간이 소학교에 입학하여 먼 산길을 걸어 다니며 공부했습니다.

한편 장준하의 할아버지는 평소 신문을 읽으며 항일의식을 감추지 않았고, 종종 할아버지를 찾아왔던 송평동 노인은 독립군에 군자금을 보내는 분이었습니다. 두 어른은 장준하가 있어도 개의치 않고 만주나 중국 소식을 주고받았고 시국담을 나누었습니다. 배달된 신문을 꼬박꼬박 읽고, 어른들 이야기를 귀동냥 하는 가운데 장준하의 민족의식은 자연스럽게 성장했습니다.

5학년 때 삭주 대관보통학교에 전학하여 이듬해 졸업한 장준하는 아버지가 교사로 있던 평양의 숭실중학교로 진학했습니다.

그러던 어느 날 그는 교정에 붙은 동아일보 포스터를 보게 되었습니다.

"브 나르도 운동 참가 학생 모집?"

'브 나르도'란 러시아말로 '민중 속으로'라는 뜻인데, 여름방학 때 농촌지역 문맹퇴치 활동을 할 학생들을 모집한다는 내용이었습니다. 장준하는 즉시 신청을 하였고, 필요한 강습을 받은 후 방학을 하자마자 고향으로 달려갔습니다. 그런데 놀랍게도 일본 순사가 셋이나 먼저 와서 장준하를 기다리고 있었습니다.

"삭주경찰서에서 나왔다. 학생이 장준하지?"

그들은 강습과 관련된 모든 것을 캐묻고 기록했으며, 한 달 내내 수업을 감시하였습니다.

'우리가 죄인인가? 우리 글자를 가르치고 배우는데 왜 일본 순사의 감시를 받아야하지?'

장준하는 이때 나라 잃은 민족의 서러움을 피부로 느꼈습니다. 그 후에도 방학이면 고향에서 문맹자들에게 한글을 가르치며, 어린 선생님은 농민들로부터 더 많은 것을 배우고 느꼈습니다.

일본 유학 중에 학도병이 되다

아버지가 선천의 신성중학교로 발령받게 되자 장준하도 따라서 전학을 가게 되었습니다. 그런데 신성중학교는 '학생 3분의 1은 전도사, 3분의 1은 애국투사, 3분의 1은 문인'이라는 말이 전해지는 곳이었습니다.

하루는 일제의 신사참배 강요에 따르지 않던 교장 선생님이 학생들이 보는 앞에서 체포되어 갔습니다. 격분한 장준하는 학생들을 이끌고 동맹시위를 했습니다.

"일어로 된 교과서를 모두 찢어버리자."

장준하가 자기 책을 찢자 학생들이 너도나도 동참하였고 교실엔 일어책 파지더미가 쌓였습니다. 교장 선생님을 석방하라고 외치며 교문 밖으로 달려 나간 학생들은 일본 경찰에 잔뜩 두들겨 맞고 주동자들은 붙잡혀 갔습니다. 장준하도 구속되었다가 실컷 혼이 나고 나중에 풀려났습니다.

중학교 5학년을 졸업한 장준하는 신학대학에 진학하고 싶었지만 집안 형편이 어려워 그럴 수 없었습니다. 신사참배를 거부하다 아버지도 학교에서 쫓겨났기 때문입니다.

"자네, 소학교 아이들을 가르쳐볼 텐가?"

이때 아는 목사님이 제안하여 장준하는 정주군 신안의 교회 부설 소학교 교사로 일하게 되었습니다. 장준하는 공납금을 대납하여 아이들 교복을 만들어 입히고, 새 학교 교사를 신축하는 등 모두 불가능하다고 하는 일을 열성으로 이루어 내어 '도사선생'이란 별명을 얻었습니다.

그렇게 3년이 지난 어느 날 친구가 일본에서 편지를 보내왔 습니다.

'자네도 이쪽으로 와서 공부를 하게. 맨손도 괜찮네. 내가 힘껏 도와주겠네.'

늘 꿈꾸고 있던 일이었기에 장준하는 일본 유학을 결정했 고, 도요대학 예과를 거쳐 마침내 원하던 신학대학에 진학했 습니다. 한국기독교회에서 장학금을 일부 지원해주었지만 그 것만으로는 부족했기에, 수업이 없는 날이면 장준하는 공사장 에서 막일을 하여 학비와 생활비를 벌었습니다. 그런 생활 중 에도 일요일이면 학우들과 판자촌을 방문하여 교포 어린이들 을 가르쳤습니다.

그런데 일제는 태평양전쟁에 병력이 부족해지자 학도지원병 제를 실시하였습니다. 말이 지원병제이지 강제 징용이나 다름 이 없어서 징집 대상 조선인 학생 5,000명 가운데 4,385명이 입대했을 정도였습니다.

'안 그래도 아버지가 일본인들 눈엣가시인데, 나까지 학도병 을 나가지 않으면 다른 식구들에게 화가 미칠 거야.'

장준하가 고민하던 참에 한 가지 걱정이 더 생겼습니다. 교

일본 유학시절. 왼쪽부터 김용욱, 김익준, 장준하

사였을 때 하숙을 했던 집 노선삼 여사의 딸이자 애제자이기도 했던 김희숙이, 학비가 없어서 보성여학교를 그만두었다는 편지를 보내온 것이었습니다. 장준하가 일본으로 온 후 노선삼 여사에게 안부편지를 했는데 김희숙이 답장을 하면서 둘은 꾸준히 연락을 주고받고 있었습니다.

"일제가 처녀들을 잡아가고 있는데, 학교에 다니지 않고 집에 있으면 위안부로 끌려가기 쉬울 걸세. 안 그래도 희숙의 아버지가 중국에서 독립운동을 하고 있어서 총독부가 주목을 하고 있거든. 그러나 유부녀는 잡아가지 않으니 내가 희숙과 결혼하고 학도병으로 나가려고 하네."

장준하는 자기의 뜻을 친구 김용욱에게 털어놓았습니다. 평소에도 김용욱은 장준하를 보며 대단한 친구라고 생각하고 있었지만 이 말을 듣고 존경심마저 들었습니다.

귀국을 한 장준하는 반대하는 양가 어른들을 차분히 설득하여 결혼식을 올린 뒤, 일주일 만에 학도병으로 나갔습니다.

"학도병들은 후방인 중국에 배치할 가능성이 높다 들었소. 중국으로 가게 되면 탈출하여 임시정부를 찾아 갈 예정이오. 편지 말미에 성경구절이 써져 있으면 할 일을 찾은 것으로 알고 소식이 없더라도 걱정하지 마시오."

장준하는 훈련 부대로 면회 온 아내에게 미리 자신의 계획을 말해두었습니다.

일본군 부대를 탈출

예상대로 장준하는 중국으로 배치되었는데, 하필이면 경계가 삼엄하여 탈출병이 없기로 유명한 쓰카다 부대에 소속되었습니다.

'뜻이 있는 곳에 반드시 길이 있어.'

장준하는 때를 기다리며 틈틈이 주변 지리를 익혔고, 세 명의 동료도 함께 탈출하기로 뜻을 모았습니다. 중국 침략 7주년 기념일을 거사일로 정한 후, 장준하는 아내와 약속한 대로 성경구절이 들어있는 편지를 보냈습니다.

"앞이 보이지 않는 대륙에 발을 옮기며 내가 벨 돌베개를 찾고 있소."

거사 당일 일왕이 내린 술을 마시고 부대전체가 흥청거리는 틈을 타서 장준하와 동료들은 철조망을 넘었습니다.

"우리 부대에서 탈출에 성공한 사람은 없다. 딱 한 명이 탈출을 했는데 붙잡아서 일본도로 목을 잘라 연병장에 본보기로 걸어두었다. 누구든 탈출을 하면 그 꼴이 될 것이다!"

미야께 중위의 사악한 목소리가 귀에 쟁쟁 들리는 것 같고 금방이라도 사이렌 소리와 총 소리가 날 것 같았습니다. 장준하와 동료들은 밤새 달려 부대로부터 최대한 멀리까지 달아났습니다. 폭염 속에서 낮에는 수수밭에서 자고 밤에 이동하기를 사흘간 계속했는데, 그동안 먹은 거라곤 수박밭에서 딴 수박과 약간의 흙탕물이 전부였습니다.

나흘째 되던 날 낯선 중국 청년들을 만난 장준하는 한자를 써서 대화를 시도했습니다.

"우리는 조선 청년들이다. 조선독립군부대를 찾아간다."

"우리는 중국군 유격대다. 당신들을 도와주겠다."

그리하여 일행이 그들을 따라가니, 일본군이 목을 베었다고 선전하던 탈출병 김준엽이 반갑게 맞아주었습니다. 다섯 청년은 개울에서 함께 목욕을 하고 조국 쪽을 향해 큰절을 올린 뒤 목이 터져라 애국가를 불렀습니다.

얼마쯤 머무른 뒤 다섯 청년은 임시정부가 있는 충칭으로 길을 떠났습니다. 광복군이 되어 정식으로 조국독립을 위해 싸우기 위해서였습니다.

대륙의 무더위와 황토의 지열은 표현할 수 없이 뜨거웠고, 잔인한 마적과 비적도 큰 위협이었습니다. 그러나 무엇보다 일본군이 지키는 검문소를 통과하는 것이 가장 어려운 문제였습니다. 일본은 넓은 대륙을 다 장악하지 못했으나 철도만은 확실히 수중에 넣었고, 주요 길목마다 검문을 했기 때문입니다.

다섯 청년은 중국인 옷을 입고 중국인으로 변장하여 며칠이나 연습한 끝에 실행에 옮겨 무사히 검문소를 통과했습니다. 다시 열흘 이상 걸었을 때 근처 중국 군관학교 안에 조선광복군 훈련반이 있다는 것을 알았습니다.

"드디어 우리도 독립군에 들어가게 되었네!"

장준하와 동료들은 기뻐서 어쩔 줄 몰랐습니다. 많은 동포 청년들이 뜨겁게 반겨주어 더욱 가슴이 벅찼습니다.

그런데 며칠 머물다 보니 중국군과 달리 광복군은 무기도 없이 맨손에 제식 훈련이 전부였고 심지어 교육을 담당하는 교관도 따로 없었습니다.

"그렇다면 우리 스스로 가르치고 배우세. 우리 모두 대학생

아닌가."

다섯 청년은 각자 전공한 문학, 역사, 신학, 법학, 철학을 번갈아 강의했고 훈련병들의 호응은 엄청났습니다. 장준하는 강의 기록에 문예물을 보태어 김준엽과 함께 잡지 〈등불*〉을 만들었습니다. 등사기가 없어서 손으로 일일이 쓰고 그린 〈등불〉의 인기는 대단해서 연이어 2호도 만들었습니다.

*잡지 〈등불〉
장준하가 중국 중앙 군관학교 한국광복군 훈련반에 있을 때 발간한 잡지이다. 주로 우리말, 우리 역사, 우리 문화를 다뤘다. 종이가 금방 헤질까 봐 속옷을 빨아 표지로 꾸몄다는 이야기가 있다.

육천 리 대장정

3개월 훈련을 마친 뒤 장준하와 동료들은 정식 중국군 소위가 되었습니다.

장준하 일행은 다시 임시정부를 찾아 떠나기로 했는데, 이번에는 일행이 53명으로 늘어났습니다. 그 중에는 결혼한 병사도 있어서 여자와 어린이까지 있었습니다.

산과 들이 눈에 뒤덮인 11월 말, 부대에서 양식으로 지급받은 밀가루 포대를 수레에 싣고 일행은 길을 떠났습니다. 장준하는 선발대장 겸 취사반장을 맡아 먹을 것과 잠잘 곳을 미리 준비해야 해서 더욱 일이 많았습니다.

모진 추위에 떨며 달포를 걸은 끝에 일행은 노하구의 중국인 부대에 도착했습니다. 장준하와 동료들은 중국군 소위 계급이었기에 이 부대에 머물며 동복과 식량을 보급 받은 후, 다시 길을 나섰습니다.

그런데 깎아지른 듯 가파른 파촉령을 넘겠다는 말에 중국인들은 하나같이 만류했습니다.

"거긴 제비도 못 넘는 곳이오. 제갈공명도 넘을 엄두를 못 냈는데, 부녀자들을 데리고 어떻게 간단 말이오."

그러나 노하구에서 충칭으로 갈 수 있는 마땅한 다른 길이 없었기에 선택의 여지가 없었습니다.

"정 그렇다면 어쩔 수 없지요. 양식을 짊어지고 갈 수 없으니 조금씩 월급을 드리겠습니다."

중국군은 길 안내를 해주며 일인당 약간의 밥값을 주었습니다. 일행은 한 사람만 겨우 갈 수 있는 좁다란 오르막을 엿새 동안 계속 올라갔습니다. 중국군의 말대로 해질 무렵이면 신기하게도 주막과 두어 채의 집이 꼭 나타나, 추위를 피해 하룻밤 묵을 수 있었습니다.

그런데 정상에 올라가니 가도 가도 주막이 나오지 않았습니다. 일행은 움푹 팬 곳을 찾아, 몇 명씩 붙어 앉아 칼바람 속에서 밤을 샜습니다. 잠들면 바로 얼어 죽을 수 있기에 밤새 필사적으로 서로 두들겨 깨웠습니다.

"우리 또다시 못난 조상이 되지 말자. 자손들에게는 이런 고생을 절대 물려주지 말자."

장준하는 동지 김준엽에게 이렇게 말하며 이를 악물었습니다. 마침내 해가 뜨자 일행은 서로 부둥켜안고 눈물을 흘렸습니다. 파촉령을 무사히 넘은 일행은 양쯔강 지류에서 배를 타고 무사히 충칭에 도착했습니다. 쓰카다 부대를 탈출한지 5개월 24일 만에 육천 리 대장정이 끝이 난 것이었습니다.

"여기가 우리나라 임시정부란 말인가?"

초라한 건물 앞에 나부끼는 태극기를 보자 장준하는 가슴이 터질 것 같았습니다. 광복군 총사령관 이청천 장군, 임시정부 김구 주석 등 수십 년 조국 독립을 위해 싸우다 늙어버린 노인들이 청년들을 반갑게 맞아주었습니다.

환영회장에서 김구 주석의 격려사에 이어 장준하가 학도병 대표로 답사를 했습니다.

"⋯⋯일본군에 끌려온 뒤 저희들은 분노하며 이렇게 생각했습니다. 누구를 위해 이 고생을 하며, 왜 왜놈 상관에게 경례를 해야 하는가. 어쩌다가 내 조국은 사라졌는가. 오늘 오후, 우리가 임시정부 청사에서 높이 휘날리는 태극기를 바라보며 느꼈던 감격, 그 감격을 느끼려고 우리는 육천 리를 걸어왔던 모양입니다."

노인들이 하나 둘 눈물을 훔치는가 싶더니, 김구 주석이 참지 못하고 그만 "흑" 하고 흐느꼈습니다. 장내는 삽시간에 울

광복군 시절 장준하(첫째줄에서 제일 왼쪽)

대한민국 임시정부

음바다가 되었고, 통곡소리만 이어지다 환영회는 끝나고 말았습니다.

광복군 대위가 되다

그런데 막상 가까이서 들여다보니 임시정부는 어려운 형편에 파벌싸움이 극심했습니다. 장준하와 청년들은 과격한 저항을 하며 격렬히 문제제기를 했지만 서로 갈등만 깊어질 뿐이었습니다. 결국 학도병 출신 청년들은 삼십 리 정도 떨어진 토교라는 곳으로 옮겨가서 지내게 되었습니다. 여기서 장준하는 김구 주석의 부탁으로 세계 기독교 대회에 제출할 '한국 기독교 실태 보고서'를 만들고 〈타임〉지 기자와 인터뷰도 했습니다.

그러던 어느 날 광복군 참모장 이범석 장군이 찾아왔습니다.

"광복군은 미군 사령부와 합작으로 조선 침투를 위한 특수 훈련을 계획하고 있소. 귀관들은 고국을 떠난 지 오래되지 않아 국내 사정에 밝고, 일군을 탈출한 애국심에 불타는 청년들이기에 우리 부대에 꼭 필요하오."

간절히 기다려왔던 말이었기에 장준하는 망설임 없이 지원했습니다. 목숨은 보장할 수 없다고 했지만 상관없었습니다.

1945년 봄 미군 트럭을 타고 광복군 제2지대 본부로 간 장준하는, 그곳에서 미군복과 물품을 지급받고 전략첩보대^{OSS:} Office of Strategic Service 대원이 되기 위해 강도 높은 유격훈련을 받았습니다. 도강술, 사격술, 절벽 오르기, 공중 낙하 등 게릴라전에 필요한 모든 전술과 전략을 익혔습니다.

3개월 정식 훈련을 끝낸 장준하는 광복군 육군 대위로 진급했습니다. 1기 50명은 '정진대'라는 이름의 특공대로 국내에 투입될 예정이었고, 장준하는 서울·경기 지역으로 배정되었습니다. 임무는 첩보 활동 및 유격대를 조직하여 일제의 군사시설을 파괴하고, 미군 상륙 시 일본군을 교란하는 것이었습니다.

특공대가 출동 명령만 기다리고 있는데 놀랍게도 일본의 항복 소식이 들려왔습니다. 장준하는 말할 수 없이 기쁘면서도 한편으로는 아쉬웠습니다.

"아, 연합군의 한반도 상륙작전이 며칠만 더 먼저 이루어 졌더라면……."

일본군의 항복을 접수하기 위해 연합군 군사 사절단이 8월 14일 조선에 들어가게 되었습니다. 미국은 임시정부나 광복군을 인정하지 않았지만, 끈질기게 교섭한 끝에 이범석과 장준하 등 6명이 합류하게 되었습니다.

1945년 8월 19일 연합군 군사 사절단 일행

'드디어 조국에 가는구나!'

장준하는 가슴이 한없이 벅찼습니다. 그러나 일본군이 연합군을 공격했기 때문에 비행기는 가던 도중에 되돌아와야 했습니다. 나흘 뒤 다시 비행기는 한반도 진입을 시도하여 착륙에 성공하였으나, 무장한 일본군인들이 포위한 채 총을 겨누었습니다.

대한민국 임시정부 환국 기념 사진

"도쿄로부터 아무 지시도 받지 못 했소. 그러니 즉시 돌아 가시오."

장준하와 동료들도 기관단총을 앞으로 내민 채, 여차하면 대응 사격을 할 만반의 준비를 했습니다. 피를 말리는 3시간 40여분이 지난 뒤, 헌병들이 일행을 일본군 장교 숙소로 안내 했습니다. 그곳에는 저녁식사가 준비되어 있었고 일본군 대좌 가 꿇어앉아 차례로 맥주를 권했습니다. 독실한 기독교인으로 술과 담배를 전혀 입에 대지 않는 장준하였지만 그 날만은 일 본군 대좌가 따른 맥주를 한 잔 마셨습니다.

날이 밝아도 여전히 도쿄에서 사절단의 한반도 진입을 허락 하지 않아, 결국 일행은 중국으로 되돌아가야 했습니다.

독재와 투쟁하다 의문사

금방 조국으로 돌아갈 수 있을 줄 알았는데 미군 지휘체계 가 변동되면서 장준하 일행의 귀국은 막막해졌습니다. 해방 후 석 달이 지난 뒤에야 미군은 임시정부 요인 중에서도 일부 만 서울로 들어가게 하였습니다. 이때 장준하는 김구 주석의 비서로 함께 돌아와, 귀국성명서며 각종 회견문을 작성하는 등 정신없는 나날을 보냈습니다.

그토록 기다렸던 광복이었건만 국내 정국은 갈수록 혼란스럽기만 했고 임시정부는 점점 와해되어 갔습니다.

"끝내지 못했던 공부나 마저 해야겠다."

장준하는 정치판과 거리를 두고 신학대학에 편입해서 졸업했습니다.

그 사이 한반도에는 두 개의 국가가 생겼고 김구까지 암살되어 장준하는 마음이 몹시 아팠습니다. 얼마 뒤에는 동족상잔의 전쟁이 일어났고, 그 와중에 장준하는 조부와 어머니에 이어 어린 딸까지 병으로 잃는 아픔을 겪었습니다.

1952년 가을 장준하는 '국민사상연구원'에서 펴내는 잡지 〈사상〉의 창간에 참가하게 되었습니다. 전쟁으로 모든 것이 파괴되고 가치관도 무너진 조국에서 민족의 미래를 위해 힘껏 일하고자 하였으나 이승만의 견제 등으로 잡지는 곧 폐간되고 말았습니다.

*사상계
1953년 4월 1일자로 창간된 월간 종합잡지. 1970년 김지하의 '오적'을 게재한 것이 문제가 되어 205호로 강제 폐간되었다.

장준하는 좌절하지 않고 잡지 〈사상계*〉를 직접 창간했습니다. 입에 풀칠하기도 어려운 시기에 잡지를 어떻게 만드느냐고 모두가 걱정했지만, 중국에서 최악의 조건 속에서도 〈등불〉, 〈제단〉 등 잡지를 만들었던 장준하는 태연했습니다.

"잡지는 돈이 아니라 정신으로 만드는 겁니다."

무일푼 처지에 외상으로 밀어붙이며 온갖 고생

3선 개헌 저지를 위한 전국 유세에서 연설하는 장준하

끝에 창간한 〈사상계〉는 전후의 황폐와 절망 속에서 불티나게 팔렸습니다. 모두가 이승만 독재를 찬양할 때 비판을 서슴지 않고 정론을 펼친 〈사상계〉는 지식인들이 구독하는 최고의 잡지가 되었습니다.

*5·16 군사 쿠데타
1961년 5월 16일 박
정희 주도로 육군사
관학교 8기생 출신
군인들이 제2공화국
을 폭력적으로 무너
뜨리고 정권을 장악
한 군사정변

그런데 5·16 군사 쿠데타*로 박정희가 집권하자
언론들은 하나같이 입을 닫아버렸습니다. 〈사상계〉
만 총칼 든 군인이 나라를 다스리면 안 된다는 주장
을 했고, 한일 굴욕 외교 때도 장준하와 〈사상계〉가
앞장서 반대했습니다. 그러자 박정희 독재정권은 장
준하를 부패언론인으로 매도하고, 세금포탈 혐의를
씌워 엄청난 추징금을 때리는 등 갖은 방법으로 탄
압했습니다. 가족들의 생계와 안전은 늘 위협받았고, 빚에 쫓
기던 장준하는 병으로 쓰러져 결국 잡지 발행을 중단하게 되
었습니다.

민주화 운동 시절 법정에 선 장준하

견디다 못해 정계에 발을 들여놓은 장준하는 거침없이 권력을 비판했고, 전국에서 강연 요청이 쇄도했습니다. 사카린을 밀수한 이병철과 박정희 정권의 정경 유착을 비판하다 구속된 것을 시작으로, 장준하는 경찰서와 감옥을 안방처럼 드나들었습니다.

"박정희는 일본 천황에 충성을 맹세하고, 일본군 장교가 되어 우리 독립 광복군에 총부리를 겨눈 사람입니다. 이런 인물이 대통령으로 있는 것은 우리 국가와 민족의 수치입니다!"

1967년 야당 대통령 후보 지지연설 때 했던 이 발언으로 장준하는 특정 후보 비방죄로 또 구속이 되었습니다. 그러나 박정희가 자원하여 일본군 장교가 되었고, 일본 패망 후 광복군으로 들어가 귀국했다는 사실은 진짜 광복군이었던 장준하가 누구보다 잘 알고 있었습니다.

장준하는 옥에 갇힌 채로 국회의원에 출마하여 당선이 되었습니다. 박정희는 3선 개헌으로 대통령을 또 하고, 4년 뒤에는 10월 유신*을 선포하여 영구집권을 하려했습니다. 말 한 마디 잘못하면 바로 끌려가는 시국인데 장준하는 10월 유신 반대 백만인 서명운동을 이끌다 또 구속되었습니다. 지병인 협심증 악화로 1년 뒤 형 집행정지로 풀려났지만, 재야 운동의 확고한 구심점이 된 장준하는 늘 미행당했고 살해 위협을 받

*10월 유신
1972년 10월 17일 대통령 박정희가 장기집권을 목적으로 단행한 초헌법적 비상조치

1975년 8월 22일 서울 명동성당에서 열린 장준하 장례식

장준하의 죽음은 많은 의혹과 의문점을 남겼다.

았습니다. 그래서 가까운 이들에게 종종 말했습니다.

"난 도마 위의 고기야."

함석헌도 장준하 추도식에서 말하길, 자신은 그때 하루도 장준하의 죽음을 생각하지 않은 날이 없었다고 했습니다.

망가진 몸을 추스를 겸 자주 산에 올랐던 장준하는, 1975년 8월 17일 산에 갔다가 약사봉에서 추락하였다고 하는 의문의 사고로 세상을 떠났습니다. 부검 결과 타살 의혹이 제기되었지만 현재까지도 원인은 밝혀지지 않고 있습니다.

침략자의 도구가 되기를 거부하고 일본군을 탈출하여, 동료들을 이끌고 돌보며 육천 리 고난의 길을 걸어 대한민국 임시정부 광복군이 되었던 장준하. 그 과정은 이후 삶에도 똑같이 되풀이 되었습니다. 해방 후에도 불의한 독재자에 맞서 장준하는 진실을 소리 높여 외쳤고, 권력의 혹독한 탄압 속에서도 시민들을 바른 역사의 길로 용맹하게 이끌고 나아갔습니다.

늘 힘없는 민중들과 나란한 자리, 그 맨 앞에서 서서 온몸으로 비바람을 맞았던 민족 지도자 장준하에게 대한민국 정부는 1991년 8월 15일에야 애국공로훈장 애국장을 추서하였습니다.

백선엽

독립군 토벌대 출신 전쟁영웅

엇갈린 평가

대한민국 국군이 창설된 이래 최고 계급은 별 넷 대장이며 별 다섯 원수는 아직 없습니다. 그런데 보수정권이 들어선 뒤 명예원수를 추대하려는 움직임이 일어났습니다.

"전쟁영웅 백선엽 장군을 명예원수로!"

국방부에서 추진하려고 했지만 채명신 장군 등 예비역 대장들이 결사반대 했습니다.

"우리 군은 독립운동에 뿌리를 두고 있소. 그런데 독립군을 토벌하는 부대에서 근무했던 백선엽 장군을 명예원수로 추대한다는 것은 건군 이념을 훼손하는 것이오!"

결국 명예원수 추대는 무산 되었지만, 한쪽에서는 살아있는 백선엽의 동상을 세우고 백선엽 한미동맹상을 만드는가 하면 그의 옷을 문화재로 지정해야 한다는 주장을 하는 사람들까지 있습니다.

그런 반면 친일반민족행위자를 미화하고 전쟁영웅 신화를 과장되게 만든다는 비판도 끊이지 않습니다. 백선엽은 해방 전에 무슨 일을 했기에 친일 논란이 늘 따라다니는 것일까요?

그는 일생 동안 국내에서 많은 인터뷰를 했고 직접 회고록도 썼습니다. 그러나 해방 전 만주 시절 이야기는 늘 생략하거나 간단히 서술하고 지나갔습니다.

그런데 백선엽이 일본에서 펴낸 일본어판 책에는 만주에서의 활약이 꽤 많이 언급되어 있습니다. 그리고 김효순이 쓴 책 〈간도특설대〉에도 당시 백선엽이 근무했던 독립군 토벌부대에 대해 자세히 나와 있습니다. 이런 자료들을 참고하여 백선엽의 삶과 선택을 살펴봅니다.

동경했던 군인의 길

백선엽은 1920년 11월 평안도 강서군에서 아버지 백윤상과 어머니 방효열 사이 삼남매 중 둘째이자 장남으로 태어났습니다. 아버지가 일찍 세상을 떠난 후 어머니가 얼마 안 되는 농사를 지으며 자녀들을 길렀습니다.

당시 강서지방에는 서양문물과 기독교가 일찍 전파되었고 교육열도 대단했습니다. 백선엽의 어머니도 두 아들의 교육을

백선엽

위해 1926년 평양으로 이사를 했습니다. 그런데 단칸방에서 끼니를 잇기도 어려운 날이 계속되자, 힘든 나머지 그녀는 삼 남매를 데리고 대동교에서 뛰어내리려고 했습니다.

"우리 딱 3년만 더 기다려 봐요. 그래도 살기 힘들면 그때 죽어요."

열두 살이던 누나가 애원하여 어머니는 마음을 돌렸습니다. 그 뒤 어머니는 평양고무에 취직하고 누나는 견직회사에 들어 가 일하면서 집안형편은 조금 나아졌습니다.

만수보통학교에 다니던 백선엽은 4학년 때 약송보통학교로 전학했습니다. 이 시절 그의 낙이자 취미는 일본인 거리 상점 에 자주 들르는 것이었고, 전쟁만화 '노라쿠라' 연재를 보기 위 해 잡지 〈소년구락부〉가 나오길 애타게 기다렸습니다. 고학년 때는 평양 부립도서관에 다니며 독서를 즐겨 하였는데, 각국 역사와 정치가 및 장군들의 회고록과 평전, 동서고금 전략론, 병법서, 전쟁사를 탐독했다고 백선엽은 회고록에서 밝혔습니다.

가정형편으로 약송보통학교를 마치지 못했으나 백선엽은 중 학교 입학자격 검정고시를 보아 합격했습니다.

'학비를 내지 않아도 되는 사범학교로 진학해야겠어.'

1935년 백선엽은 높은 경쟁률을 뚫고 평양사범학교에 입학 했습니다. 몇 년 후 졸업여행 때 일본에 처음 가 본 백선엽은 교토, 나라, 도쿄, 닛코 등을 여행하며 근대화한 일본의 문물에 몹시 감탄했습니다. 이 여행을 통해 일생에 걸쳐 크게 도움이 될 견문을 넓혔다고 백선엽은 고백했습니다.

한편 만주를 점령한 후 중국 침략을 계획하고 있던 일제는, 관동군만으로 부족하여 현지에서 초급장교를 육성하기로 했습니다. 그래서 일본 육사의 분교인 2년제 군관학교를 만주에 설립했는데, 정식 명칭은 '육군중앙훈련처'였으나 만주 봉천에 위치해 있었기에 조선인들은 봉천 군관학교라고 불렀습니다.

백선엽은 사범학교 졸업반이던 1939년 봉천 군관학교에 다니는 학생들과 대화를 나눌 기회가 있었습니다. 그 직후 그는 군관학교에 꼭 들어가겠다고 결심했습니다. 군부가 일본의 최상층인 시대에 조선인이 장교가 된다는 것은 가장 확실한 출세의 길이었습니다.

'사범학교를 졸업히면 소학교에 몇 년 근무해야할 의무가 있는데 어쩌지? 하긴 경쟁률이 높아서 합격된다는 보장이 없으니까 일단 지원해보자. 만약 합격이 되면 그 문제도 해결할 길이 있을 거야.'

사실 군관학교는 지원한다고 해서 아무나 들어갈 수 있는 곳이 아니었습니다. 학업 성적과 이력 뿐 아니라 나이, 혼인여부, 신원조회, 신체검사, 필기시험, 면접을 거쳐 극소수만 선발했기 때문입니다. 그래서 군수가 되기보다 군관학교 입학이 더 어려웠습니다. 그런데 백선엽은 거뜬히 합격했고, 소학교 의무 근무 문제도 군의관 원용덕에게 부탁하여 해결할 수 있었습니다.

'드디어 내가 원하는 길을 가게 되었구나!'

백선엽은 가슴이 한껏 벅차올랐습니다.

일제강점기에 일본군에 있었던 사람들의 성격은 다양합니다. 지원병이나 학병, 징병으로 일본군에 들어간 조선 청년들은 명칭이 어떻든 간에 강제로 끌려간 것입니다. 그런데 식민지가 된 이후에 일본 육사와 만주군관학교에 들어간 사람들은 일왕과 일본군에 충성을 맹세하고 스스로 직업군인의 길을 택한 경우입니다. 임시정부의 적이 되고 항일독립군과 전투를 해야 하는 줄 알면서도 그 길을 간 것이지요.

악명 높은 간도특설대

군관학교를 졸업하고 만주국 장교가 된 백선엽은 견습 사관을 거쳐 자무쓰 신병 훈련소 소대장이 되었습니다. 그 후 1943년 간도특설대로 전근하여 3년 동안 근무하였습니다.

간도특설대는 조선인 유격대를 토벌하기 위해 만든 조선인 특수부대였습니다. 조선독립군 토벌이라는 임무도 문제였지만, 활동 내용이 워낙 악랄했기 때문에 간도특설대원은 사병까지 전부 친일인명사전에 등재되었습니다. 이들은 항일부대원을 잡으면 순순히 사살하지 않고 가장 잔혹한 수단으로 죽였습니다. 포로를 사격장에 묶어놓고 사격연습을 하기도 하고, 항일부대원의 머리를 잘라 들고 기념촬영도 했습니다. 정보를 캐기 위해 마을 주민을 집단 고문했으며, 성폭력은 예사였고 차마 입에 담기 어려운 잔혹한 짓을 일삼았습니다.

"내가 간도특설대에 부임했을 때 조선인은 남아있지 않았다. 독립군은 구경도 못했고 토벌 대상은 공비나 팔로군*이었을 뿐이다."

백선엽은 국내에서 한결같이 이렇게 말했습니다. 그런데 일본에서 펴낸 일어판 책에는 이런 내용이 있습니다.

*팔로군
1937~1945년에 일본군과 싸운 중국공산당의 주력부대 가운데 하나. 중일전쟁 당시 팔로군은 맹렬한 전투와 유격전으로 많은 승리를 거두었다.

'관동군독립수비대와 만군^{만주국군}은 1939년 10월부터 1941년 봄에 걸쳐 동만에서 대규모 게릴라 토벌작전을 행했다. 그중에서도 항상 특필해야 할 전과를 올린 것은 간도특설대였다. 선배들의 얘기로는 간도특설대라고 하면 게릴라는 오로지 도피 위주여서 접촉을 잘 할 수 없었고, 맞닥뜨리더라도 적진에서 들려오는 것은 "머리를 들지 마라"는 절규뿐이었다고 한다.'

작전 중인 간도특설대 대원들

백선엽은 '게릴라'라고 표현하였지만, 그들의 정체는 민족
과 이념을 초월하여 일제와 맞서 싸운 '동북항일연
군*'이었습니다. 중국공산당 산하였지만 백두산 주
변에 근거지를 구축하고 끝까지 싸운 항일연군 대
부분은 조선인으로, 중국이 공인한 항일투쟁 열사
3,125명 가운데 조선인이 3,026명일 정도였습니다.
특히 조선인 대원들은 백두산을 거점으로 삼고 조

*동북항일연군
만주에서 활동하고
있는 조선인과 중
국인의 유격부대를
1936년 공산당의 주
도로 통합한 군사조
직이다.

국광복회를 따로 결성했습니다. '전민족의 계급, 성별, 지위, 당파, 연령, 종교 등의 차별을 불문하고 백의동포는 반드시 일치단결하여 원수인 왜놈들과 싸워 조국을 광복시킬 것.'

이 강령을 바탕으로 함경도 일대 공산주의 세력과 천도교인들, 민족주의 세력인 조선혁명군도 조국광복회에 동참하여 일제와 싸웠습니다.

다시 말해서 백선엽이 전한 선배들의 무용담은, 간도특설대가 조선독립군을 그토록 지독하게 토벌했다는 말이 됩니다. 항일연군과 간도특설대의 군가를 비교해보면 두 부대의 성격을 금세 알 수 있습니다.

모든 항일 민중이 신속하게 떨쳐 일어서/중국과 한국 인민이 굳게 단결했다/잃어버린 우리 국토를 되찾아/우마 같은 망국노 생활을 끝내자 (항일연군 1로군 군가)

시대의 자랑, 만주의 번영 위한/징병제의 선구자 조선의 건아들아/선구자의 사명 안고/우리는 나섰다 나도 나섰다/건군은 짧아도/전투에서 용맹 떨쳐/야마토혼大和魂:일본정신은 우리를 고무한다/천황의 뜻을 받은 특설부대/천황은 특설부대를 사랑한다 (간도특설대 부대가)

일본군 상사들이 인정한 영민한 조선장교

1943년 초 러허성과 중국 북부 팔로군의 활동이 활발해지자 백선엽은 파견 근무를 나갔습니다. 그곳에서 맡은 주된 업무는 정보수집과 반공 선전, 체포된 항일세력 심문 등이었습니다.

일본 육상자위대 간부학교 전사교관 사사끼 하루다까가 쓴 〈한국전쟁〉 10권에 이 시기 백선엽에 대한 기록이 있습니다.

'백선엽은 간도특설대 정보반에 소속되어 열하성 팔로군 토벌에 종사하면서 특수공작, 특히 정보수집에서 공적을 세웠다.'

또 다른 일본군 대좌 하야시 기초고로가 1976년에 펴낸 책 〈조선전쟁-한국편〉에도 백선엽 이야기가 나옵니다.

'간도특설대 시찰 중 젊고 중후한 대위가 눈에 띄었다. 중대장이 발군이라고 했는데 그가 바로 백선엽 중위였다.'

하야시 대좌는 사령부 고문으로 러허성지역 토벌작전에 참가했습니다. 그는 '백선엽 중위가 속한 이타오 중대도 특별히 선발돼 러허성의 팔로군 토벌에 종사하고 특수공작, 특히 정보수집에서 큰 공을 세웠다'고 책에 썼습니다. '아마도 민완한 백

중위가 활약했을 것'이는 말도 덧붙였습니다.

이런 기록들은 당시 백선엽이 '발군의 능력'으로 일본군 상사들로부터 각별한 인정과 신뢰를 받는 존재였음을 보여줍니다.

백선엽은 자신이 간도특설대에 복무했을 때 독립군 토벌은 커녕 조선인은 구경도 못 했다고 한국에서 줄곧 시치미를 뗐습니다. 그러나 1993년 출간된 백선엽의 일본어판 자서전 〈대게릴라전-미국은 왜 졌는가〉에는 속마음이 더러 실려 있습니다.

'…우리들이 쫓아다닌 게릴라 가운데 조선인이 많이 섞여 있었다. 주의, 주장의 차이가 있다고 해도, 한국인이 독립을 요구하며 싸우고 있는 한국인을 토벌한 것이기 때문에 오랑캐로 오랑캐를 제압하려는 일본의 책략에 그대로 끼인 모양이 된다. (…) 그러나 우리가 진지하게 토벌했기 때문에 한국의 독립이 늦어진 것도 아닐 것이고, 우리들이 역으로 게릴라가 되어 싸웠으면 독립이 빨라졌으리라는 것도 있을 수 없다.'

이 글에서 독립군을 토벌한 데 대한 반성이나 성찰의 자세는 찾아볼 수 없습니다. 모든 것은 일본의 책략 탓이며, 자신들이 토벌했다고 독립이 늦어진 것도 아니고 독립운동을 했다고 해서 독립이 빨라진 것도 아니라며 반민족 행위를 두둔하고 정당화합니다. 이런 논리라면 수많은 항일투사들의 삶과 죽음은 의미 없고 가치 없는 일이 되고 맙니다.

백선엽은 일어판 책에서 자신감 넘치는 토벌 경험도 소개했습니다.

'험한 산악지대에서는 일단 적을 놓치면 다시 발견하기 어렵기 때문에 게릴라를 포착했을 때는 아무리 작은 집단이라도 전력을 기울여 문자 그대로 섬멸하기까지 때리지 않으면 안 된다.'

그는 가장 효과적인 소탕 방법으로 '매복'을 들었습니다. 눈 내린 산길에서 언제 나타날지 모르는 게릴라를 며칠씩이나 매복해서 기다리는 것은, '훈련이 철저하고 사명감에 타오르는 부대가 아니면 감당할 수 없는 일'이라며 간도특설대에 대한 자부심을 감추지 않았습니다.

'조선인부대는 예의 바르고 약탈도 하지 않는다는 소문이 퍼졌다. 토벌을 나가도 주민들이 도망가지 않았다'면서, 백선엽은 간도특설대의 '사병 한 사람 한 사람이 분명한 민족의식을 갖고 장래를 위해 군사지식을 습득했다고 자각한 유일한 한국인 무장집단'이라며 자랑스러움과 긍지를 나타내기도 했습니다.

출세를 위해 동족을 토벌하는 일에 거리낌 없이 가담했던 젊은 날과 마찬가지로, 수십 년이 흐른 뒤 쓴 자서전에서도 백선엽의 글에서 양심의 거리낌은 찾아볼 수 없습니다.

만주국 헌병 중위 시라카와 요시노리의 변신

1944년 여름 간도특설대는 러허성을 떠나 허베이성으로 이동했습니다. 가을에 백선엽은 평양으로 잠시 나가 노인숙과 결혼을 하였고, 만주로 돌아와 1945년 1월까지 항일유격대 토벌 작전을 수행했습니다.

허베이성 작전이 끝난 뒤 복귀한 백선엽은 해방 직전까지 만주국 헌병 중위로 복무했습니다. 백선엽은 그 사실을 단 한 번도 밝힌 적이 없었는데, 당시 직속상사였던 '소네하라 미노루'가 펴낸 〈만주국군 헌병의 회고-5족의 헌병〉이라는 비매품 저서에 백선엽의 이야기가 나와 있어서 국내에 알려지게 되었습니다.

'당시 옌지 헌병분단 대원은 모두 40명이었고 장교는 3명이었는데, 조선인은 백선엽 중위였다.'

그 책에는 더욱 놀라운 사실도 있습니다. 백선엽의 일본 이름이 '시라카와 요시노리白川義則'로, 관동군사령관과 육군대신을 역임한 일본인 육군대장과 한문까지 똑같았습니다. 시라카와 요시노리는 1932년 상하이에서 윤봉길 의사가 던진 폭탄에 죽었습니다. 그 사실을 백선엽이 모를 수가 없는데 하필 그 이름으로 창씨개명을 한 점은 많은 생각을 하게 합니다. 일왕에 충성을 맹세한 군인으로서 백선엽의 포부와 지향점을 짐작해볼 수도 있겠습니다.

그런데 1945년 8월 15일 일본이 항복했습니다. 간도특설대는 그 소식을 까맣게 알지 못한 채 토벌을 계속했고, 백선엽도 소련군을 만나 무장해제 당하면서 일제의 패망을 비로소 알았습니다. 마른하늘의 날벼락이 따로 없었지만 백선엽은 냉정을 잃지 않고 조선인 통역관에게 물었습니다.

"조선의 장래는 어떻게 될 것 같습니까?"

"조선은 곧 독립될 것이오. 여기 있으면 시베리아로 붙잡혀 가니 빨리 고향으로 돌아가시오."

백선엽은 즉시 조선으로 떠날 채비를 하였습니다. 어머니와 아내를 열차편으로 먼저 평양에 보낸 후, 자신은 평상복 차림에 간단한 배낭을 짊어지고 기찻길을 따라 걷기 시작했습니다. 일본군의 수족으로 복무했던 만큼 사람들이 많이 모이는 기차를 타고 가는 것은 아무래도 위험하다고 판단했던 것입니다.

중국 주둔 일본군 총사령관을 지낸 시라카와 요시노리.
윤봉길이 던진 폭탄에 중상을 입어 결국 사망했다.

그는 800km 가까이 걸어 9월 초순 평양에 도착했습니다.
이때 마침 이종사촌 형 송호경이 민족주의 지도자 조만식의
비서실장으로 있었습니다. 백선엽은 그를 통해 조만식의 측근
으로 들어갔습니다. 몇 달 근무하지도 않은 조만식 비서 경력
은, 이후 백선엽이 민족주의 인사나 되는 듯 보이게 하는데 효
과적으로 사용되었습니다.

그런데 만주에서 항일투쟁을 하던 독립투사들이 북한으로

속속 돌아왔습니다. 특히 백두산을 거점으로 무장투쟁을 하며 보천보 승리를 이끌었던 김일성이 북한 사회에서 부상하자 만주국 군경 출신들은 서둘러 남한으로 도피했습니다. 그들이 만주에서 한 일이 밝혀지는 것은 시간 문제였기 때문입니다.

백선엽도 가족들을 소리 없이 서울로 먼저 보냈습니다.

"먼저 자리 잡고 있으시오. 나도 곧 내려가겠소."

틈을 엿보던 백선엽은 1945년 12월 하순에 같은 간도특설대 출신 김백일, 최남근과 3·8선을 넘어 남하했습니다.

이때 남한에는 미군정이 통역관과 군 간부를 양성할 목적으로 군사영어학교를 설립하면서 광복군, 일본군, 만주군 경력자 가운데서 각 20명씩 추천하라고 했습니다. 민족지도자 조병옥과 일본군 대좌 출신 이응준, 만주국 참령^{소령} 출신 원용덕이 각각 입교생 추천을 맡았습니다.

"독립군을 토벌하던 자들과 똑같은 대우를 받으며 똑같은 숫자로 입교하라니, 이게 말이 되는 소립니까? 차라리 참가를 안 하고 말지."

광복군은 지원자가 별로 없었던 반면, 일본군과 만주군 출신자의 지원은 줄을 이었습니다. 그 바람에 군사영어학교 입교생의 많은 숫자가 일본군과 만주군 출신자로 채워지게 되었습니다.

그들은 며칠부터 몇 주에 이르는 짧은 교육을 마친 후 국군

만주군관학교 휘장. 가운데 5색 별은 만주에 사는 5개 민족을,
둘레의 노란색 곡식은 만주의 주곡인 '조'를 상징한다. ⓒ정운현

의 모태가 되는 국방경비대에 들어갔습니다. 군사영어학교에
서 5개월 동안 배출된 110명의 장교들은 건군의 주춧돌이 되
었고, 항일독립투사 체포에 앞장섰던 일본육사와 만주군관학
교 출신 중에서 나중에 50명 이상이 국군 장군으로 변신했습
니다.

서울에 도착한 백선엽 일행도 군사영어학교 소식을 듣고 만주시절부터 잘 알고 있던 원용덕을 찾아갔습니다.

"저희도 군사영어학교에 입학했으면 합니다."

"잘 왔네. 자네들 같은 인재가 꼭 필요하네."

군사영어학교 부교장이기도 한 원용덕은 크게 환영하며 맞아주었습니다.

백선엽은 교육도 거의 받지 않고 서류상 군사영어학교를 졸업한 것으로 하여 1946년 2월 중위로 임관했습니다.

평양사범학교 시절 일본인 교사로부터 열심히 배웠던 영어 실력으로 미군과 소통하며 백선엽은 군내 입지를 착실히 다져나갔습니다. 각종 데모와 파업을 진압하며 중령으로 진급했고 5연대장으로서 부대를 지휘했습니다.

6·25전쟁으로 구국의 영웅이 되다

정보국장으로 보직이 바뀌자 백선엽은 정보수집팀부터 구성했습니다. 정보반은 만주 시절 백선엽이 일본인 상관들로부터 탁월한 능력을 인정받은 분야이자, 간도특설대의 악명을 높인 분야이기도 했습니다.

대한민국 정부가 수립된 후, 이승만 대통령은 군대 내 좌익

1953년 1월 33세의 나이로
한국군 최초의 육군대장으로 진급한 백선엽

*여순사건
1948년 10월19일 여
수지역에 주둔하고
있는 국군 제14연대
가 제주4·3사건을
진압하라는 명령을
거부하고 친일파 처
단, 조국통일 등을 내
걸고 봉기했다. 미군
사고문단의 지휘 아
래 정부군은 모든 수
단을 동원하여 무차
별 공격함으로써 진
압에 성공했는데 이
과정에서 많은 민간
인희생자가 발생했다.

을 도려내라고 지시했습니다. 백선엽은 여순사건*을 진압하고 숙군* 작업을 지휘했습니다. 한국전쟁을 전후하여 빨치산 토벌도 하였는데, 그때 백선엽은 두 차례나 '초토화' 작전을 펼쳤습니다.

해방이 되기 전 일제는 조선과 만주에서 항일투사가 마을의 시설이나 물자를 사용할 수 없도록 마을 전체를 깡그리 불태웠고, 군중 백 명을 죽이면 그 가운데 한두 명은 게릴라가 있을 것이라며 민간인들을 닥치는 대로 학살했는데 이를 '초토화 작전'이라 불렀습니다.

그런데 백선엽이 빨치산 토벌을 위해 초토화 작전을 세우자 참모뿐만 아니라 수도사단장과 8사단장도 반대했습니다.

"죄 없는 민간인들을 희생시켜서는 안 됩니다."

그러나 백선엽은 자신의 뜻대로 밀고 나갔습니다.

"다소의 희생이 있더라도 공비를 단기간 내 뿌리를 뽑아야 하오."

미 8군 사령관 밴 플리트는 백선엽을 그의 성을 딴 '백 야전전투사령부백야사' 총지휘관으로 임명했습니다. 그리고 초토화 작전은 '쥐잡기 작전'으로 이름 붙여져 미8군 작전 명령서에 등장합니다.

그 결과 거창사건 등 민간인 집단 학살이 일어났습니다. 훗날 국가기관인 '진실화해를위한과거사정리위원회*'는 '백야사가 한국전쟁기 민간인집단희생사건에 책임이 있다고 규명했습니다.

그러나 백선엽은 〈실록 지리산〉에서, 민간인 학살에 대한 책임을 부하들 탓으로 돌렸습니다.

> '지휘부의 지침과는 달리 말단 부대가 비행을 저지르고 허위 보고로 무마하는 경우, 그것을 완전히 확인해 진위를 가리기란 참으로 어렵다. …당시로서는 내가 도저히 알 수 없는 일이었겠지만 토벌 부대의 총사령관으로서 나는 혹시라도 부하 장병들의 비행으로 희생된 넋들이 있었다면 그들의 명복을 빌고 싶은 심정이다.'

자신이 세운 초토화 작전으로 수많은 민간인이 억울하게 죽었는데도 '희생된 넋들이 있었다면' 하고 가정법을 써서, 있었던 사실조차 솔직하게 인정하지 않는 것을 볼 수 있습니다.

아무튼, 6·25전쟁이 터지자 백선엽은 초고속 승진을 거듭했습니다. 이승만의 총애를 받으며 별 넷 장군으로 승승장구하던 그는, 4·19혁명으로 이승만이 쫓겨난 후 소장파 장교들의 군부 쇄신 운동에 떠밀려 예편하게 되었습니다.

*진실화해를위한과거사정리위원회
일제강점기부터 제6공화국까지 약 100년의 과거사를 조사하여 피해자의 명예 회복을 돕고, 가해자에게는 감형 등 법적·정치적 화해 조처를 건의하는 국가기구. 2005년부터 2010년까지 활동했다.

백선엽 다부동 전투 승리를 기념하여 세운 전적비.
경상북도 칠곡군 동명초등학교에 있다.

그런데 얼마 뒤 같은 만주국 장교 출신인 박정희가 대통령
이 되었습니다. 그는 백선엽과 각별한 인연이 있었는데, 숙군
작업 때 박정희가 남로당 책임자로 드러나 사형될 처지에 놓이
자 백선엽을 비롯한 만주군 출신들이 탄원하여 목숨을 구했
던 것입니다.

"백 장군님, 나라를 위해 더 봉사해 주시지요."

박정희는 해외에 있던 백선엽을 불러들여 각국 대사를 거쳐
교통부 장관을 지내게 했습니다. 그 후 백선엽은 국영 기업체
여러 곳의 사장을 역임했고 다양한 단체의 윗자리에 앉았으
며, 금성태극무공훈장을 비롯한 국내외 각종 훈장을 받고 전
쟁영웅이자 국군의 아버지로 대접받으며 살았습니다.

한국 사회의 주류로 살아온 백선엽의 과거 행적은 오래 언급조차 되지 않다가, 1987년 6·10항쟁 이후에야 간도특설대 복무 및 독립군 토벌 행적이 알려지고 논란이 되기 시작했습니다. 그러나 백선엽은 자신의 친일행위 논란에 대해 가타부타 반응하지 않고 사과는 더욱 한 적이 없습니다.

어떤 사회에서 피해자가 생겼을 때는 피해 내용을 있는 그대로 밝히고 책임질 일이 있으면 책임을 지는 것이 사회정의입니다. 정의가 없는 사회에서는 공권력과 법도 가진 자들의 도구가 되며 약자는 영원히 짓밟히고 억눌리며 고통 받게 됩니다. 뜻있는 이들이 이미 지나간 과거의 사실과 진실을 부단히 밝히고 정리하는 까닭도, 우리 사회의 더 나은 오늘과 내일을 바라기 때문일 것입니다.

백선엽은 민족문제연구소에서 제작한 친일인명사전에 수록되었고, 친일반민족행위진상규명위원회가 발표한 친일반민족행위 704인 명단에도 포함되었습니다.

주요참고자료

단행본

강준만, 〈한국대중매체사〉(2007, 인물과사상사)

강준만, 〈한국근대사산책 8·9·10〉(2008, 인물과사상사)

김삼웅, 〈이회영 평전〉(2011, 책보세)

김삼웅, 〈장준하 평전〉(2009, 시대의창)

김학동, 〈이육사 평전〉(2012, 새문사)

김효순, 〈간도특설대〉(2014, 서해문집)

남현우 엮음 〈항일무장투쟁사〉(1988, 대동)

독립운동가열전편찬위원회, 〈독립운동가열전〉(2005, 백산서당)

류연산, 〈일송정 푸른 솔에 선구자는 없었다〉(2004, 아이필드)

리광인, 〈인물조선족항일투쟁사〉(2005, 학술정보)

민세안재홍선생기념사업회, 〈안재홍의 항일과 건국사상〉(2010, 백산서당)

박용옥, 〈김마리아; 나는 대한의 독립과 결혼하였다〉(2015, 홍성사)

반민족문제연구소 엮음, 〈친일파 99인 1·2〉(1993, 돌베개)

백산안희제선생순국70주년추모위원회, 〈백산 안희제의 생애와 민족운동〉(2013, 선인)

신주백, 〈만주지역 한인의 민족운동사〉(1999, 아세아문화사)

이덕주, 〈한국교회 처음여성들〉(2007, 홍성사)

이정규, 〈이회영 약전〉(1985, 을유문고)

임종국, 〈실록 친일파〉(1991, 돌베개)

장준하, 〈돌베개〉(1992, 세계사)

정운현, 〈나는 황국신민이로소이다〉(1999, 개마고원)

정운현, 〈친일파는 살아있다〉(2011, 책으로 보는 세상)

조선일보반대 시민연대, 〈왜 조선일보인가〉(2000, 인물과사상사)

친일인명사전편찬위원회, 〈친일인명사전 1·2·3〉(2009, 민족문제연구소)

친일반민족행위진상규명위원회, 〈친일반민족행위진상규명 보고서〉(2009)

신문·잡지·기타자료

〈대한매일신보〉, 〈조선일보〉, 〈삼천리〉, 〈조광〉, 〈역사와 책임〉, 〈민족21〉, 〈내일을 여는 역사〉

초판 1쇄 발행 2016년 8월 1일
초판 2쇄 발행 2016년 8월 29일
초판 3쇄 발행 2016년 12월 23일
초판 4쇄 발행 2018년 4월 16일
초판 5쇄 발행 2019년 6월 25일
초판 6쇄 발행 2020년 3월 1일
초판 7쇄 발행 2021년 2월 10일
초판 8쇄 발행 2022년 1월 5일
초판 9쇄 발행 2023년 4월 10일

지은이   선안나
펴낸이   구주모

편집책임   김주완
표지·편집   서정인
유통·마케팅 정원한

펴낸곳   도서출판 피플파워
주소   (우)51320 경상남도 창원시 마산회원구 삼호로38(양덕동)
전화   (055)250-0190
홈페이지   www.idomin.com
블로그   peoplesbooks.tistory.com
페이스북   www.facebook.com/pepobooks

ISBN   979-11-86351-06-2 (03910)